Peter Bühler
Patrick Schlaich
Dominik Sinner

Typografie

Schrifttechnologie – Typografische Gestaltung – Lesbarkeit

Springer Vieweg

Peter Bühler
Affalterbach, Deutschland

Dominik Sinner
Konstanz-Dettingen, Deutschland

Patrick Schlaich
Kippenheim, Deutschland

ISSN 2520-1050 ISSN 2520-1069 (electronic)
Bibliothek der Mediengestaltung
ISBN 978-3-662-53911-8 ISBN 978-3-662-53912-5 (eBook)
DOI 10.1007/978-3-662-53912-5

Die Deutsche Nationalbibliothek verzeichnet diese Publikation in der Deutschen Nationalbibliografie; detaillierte bibliografische Daten sind im Internet über http://dnb.d-nb.de abrufbar.

Springer Vieweg

Gedruckt auf säurefreiem und chlorfrei gebleichtem Papier

Springer Vieweg ist Teil von Springer Nature
Die eingetragene Gesellschaft ist Springer-Verlag GmbH Deutschland
Die Anschrift der Gesellschaft ist: Heidelberger Platz 3, 14197 Berlin, Germany

Vorwort

The Next Level – aus dem Kompendium der Mediengestaltung wird die Bibliothek der Mediengestaltung.

Im Jahr 2000 ist das „Kompendium der Mediengestaltung" in der ersten Auflage erschienen. Im Laufe der Jahre stieg die Seitenzahl von anfänglich 900 auf 2700 Seiten an, so dass aus dem zunächst einbändigen Werk in der 6. Auflage vier Bände wurden. Diese Aufteilung wurde von Ihnen, liebe Leserinnen und Leser, sehr begrüßt, denn schmale Bände bieten eine Reihe von Vorteilen. Sie sind erstens leicht und kompakt und können damit viel besser in der Schule oder Hochschule eingesetzt werden. Zweitens wird durch die Aufteilung auf mehrere Bände die Aktualisierung eines Themas wesentlich einfacher, weil nicht immer das Gesamtwerk überarbeitet werden muss. Auf Veränderungen in der Medienbranche können wir somit schneller und flexibler reagieren. Und drittens lassen sich die schmalen Bände günstiger produzieren, so dass alle, die das Gesamtwerk nicht benötigen, auch einzelne Themenbände erwerben können. Deshalb haben wir das Kompendium modularisiert und in eine Bibliothek der Mediengestaltung mit 26 Bänden aufgeteilt. So entstehen schlanke Bände, die direkt im Unterricht eingesetzt oder zum Selbststudium genutzt werden können.

Bei der Auswahl und Aufteilung der Themen haben wir uns – wie beim Kompendium auch – an den Rahmenplänen, Studienordnungen und Prüfungsanforderungen der Ausbildungs- und Studiengänge der Mediengestaltung orientiert. Eine Übersicht über die 26 Bände der Bibliothek der Mediengestaltung finden Sie auf der rechten Seite. Wie Sie sehen, ist jedem Band eine Leitfarbe zugeordnet, so dass Sie bereits am Umschlag erkennen, welchen Band Sie in der Hand halten. Die Bibliothek der Mediengestaltung richtet sich an alle, die eine Ausbildung oder ein Studium im Bereich der Digital- und Printmedien absolvieren oder die bereits in dieser Branche tätig sind und sich fortbilden möchten. Weiterhin richtet sich die Bibliothek der Mediengestaltung auch an alle, die sich in ihrer Freizeit mit der professionellen Gestaltung und Produktion digitaler oder gedruckter Medien beschäftigen. Zur Vertiefung oder Prüfungsvorbereitung enthält jeder Band zahlreiche Übungsaufgaben mit ausführlichen Lösungen. Zur gezielten Suche finden Sie im Anhang ein Stichwortverzeichnis.

Ein herzliches Dankeschön geht an Herrn Engesser und sein Team des Verlags Springer Vieweg für die Unterstützung und Begleitung dieses großen Projekts. Wir bedanken uns bei unserem Kollegen Joachim Böhringer, der nun im wohlverdienten Ruhestand ist, für die vielen Jahre der tollen Zusammenarbeit. Ein großes Dankeschön gebührt aber auch Ihnen, unseren Leserinnen und Lesern, die uns in den vergangenen fünfzehn Jahren immer wieder auf Fehler hingewiesen und Tipps zur weiteren Verbesserung des Kompendiums gegeben haben.

Wir sind uns sicher, dass die Bibliothek der Mediengestaltung eine zeitgemäße Fortsetzung des Kompendiums darstellt. Ihnen, unseren Leserinnen und Lesern, wünschen wir ein gutes Gelingen Ihrer Ausbildung, Ihrer Weiterbildung oder Ihres Studiums der Mediengestaltung und nicht zuletzt viel Spaß bei der Lektüre.

Heidelberg, im Frühjahr 2017
Peter Bühler
Patrick Schlaich
Dominik Sinner

Bibliothek der Mediengestaltung

Titel und Erscheinungsjahr

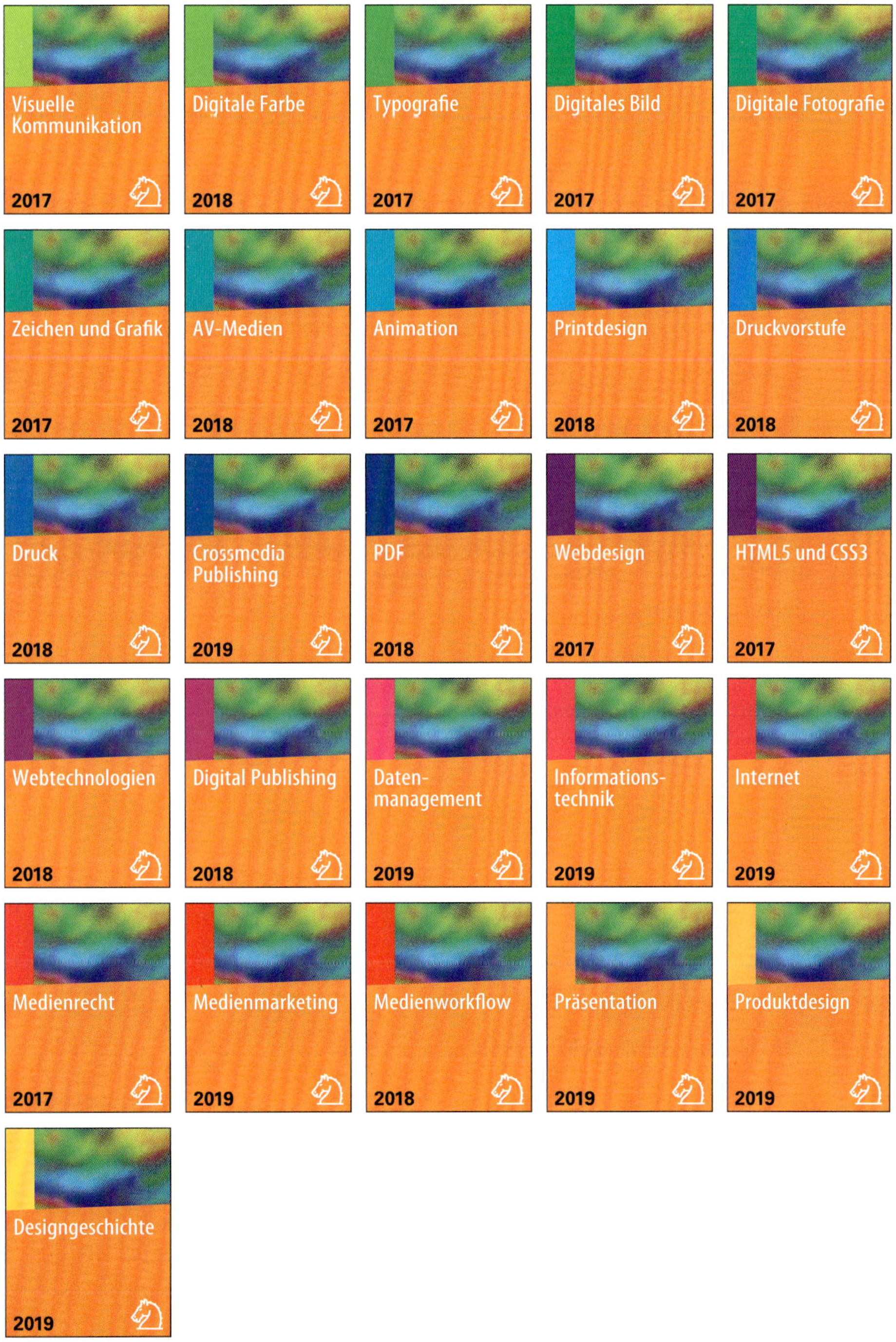

Inhaltsverzeichnis

1 Einführung 2

2 Schrifterkennung 12

3 Lesbarkeit 40

4 Schrifteinsatz 58

5 Schrifttechnologie 74

6 Anhang 86

1.1 Grundlagen

1.1.1 Einführung

Wenn Sie von einem Ihrer Mitmenschen eine Information zugerufen bekommen, können Sie diese verstehen, wenn sie laut genug ist und der Inhalt damit richtig übermittelt wird. Ist der Zuruf zu leise oder zu undeutlich, wird die übermittelte Information von Ihnen nicht verstanden.

Ähnlich verhält es sich mit der Typografie. Die Möglichkeiten, die Informationsübertragung positiv oder negativ zu beeinflussen, sind vielfältig. Dabei haben die Auswahl und das Aussehen der Schrift eine zentrale Bedeutung.

Jedes Bild, das sich ein Leser von einer erhaltenen Information macht, wird durch das Aussehen, also die Wahl der Schrift, beeinflusst. Es ist die Schrift, die mit Hilfe der Typografie die Information weitergibt. Buchstabenform, Wortbild und Textanordnung sind die Gestaltungsmittel des Typografen. Linien, Balken, Flächen, Farben, Grafiken und Bilder gehören zum Aufbau einer Seite und unterstützen die Aufbereitung von Informationen. Zentrale Voraussetzung für das Gelingen der Informationsübertragung ist aber die Schrift. Die Charakteristik, Formqualität und die mit einer Schrift verknüpften Empfindungen muss ein Gestalter kennen und bewusst einsetzen.

Die Berufe, die sich mit Schrift auseinandersetzen, haben sich in der Vergangenheit stark verändert. Maschinen verwandelten den Beruf des Schriftsetzers zum heutigen Mediengestalter. Sie sehen unten einen Ausschnitt aus einem handgeschriebenen Gautschbrief eines Schriftsetzers (um 1940). Oft werden Texte heute gar nicht mehr gedruckt, sondern auf Webseiten oder in E-Books veröffentlicht.

Die Auseinandersetzung mit Buchstaben und Wörtern wird heute oft vernachlässigt, oft werden Standardeinstellungen und Standardschriften gewählt, ohne sich wirklich Gedanken über Faktoren zu machen, wie Schriftcharakter, Schriftbild, Schriftgröße, Laufweite, Satzbreite, Satzart, Zeilenabstände und Wortzwischenräume.

1.1.2 Johannes Gutenberg

Um 1397 in Mainz geboren, war Johannes Gutenberg vor über einem halben Jahrtausend, an der Schwelle zwischen Mittelalter und Neuzeit, darum bemüht, das Bücherschreiben zu mechanisieren und Bücher der Öffentlichkeit zugänglich zu machen. Dazu galt es, drei Erfindungen zu vollenden:

- Schriftguss
- Satz
- Druck

Von diesem Dreigestirn der drucktechnischen Urerfindungen der Jahre um 1440 war das Setzen die am wenigsten problematische. Sie ergab sich wohl fast von selbst aus der Notwendigkeit heraus, die gegossenen Einzelbuchstaben zu einer druckfertigen Form zusammenzustellen.

Was lag also näher, als die Vielzahl der Bleibuchstaben in einem Schriftkasten nach einem logischen System unterzubringen. Winkelhaken und Setzschiff ergänzten die Satztechnik Gutenbergs. Mit diesem System war es den Schriftsetzern jahrhundertelang möglich, die beweglichen Lettern von Hand aus dem Schriftkasten zu nehmen und in den Winkelhaken zu setzen, um Wörter und Zeilen zu bilden. Daraus ergab sich auf dem Setzschiff die druckfertige Kolumne, die in der Druckerpresse zu vervielfältigen war.

Gutenbergs Vorstellungen der Buch- und Druckkunst orientierten sich an den Vorlagen der damaligen Zeit, den handgeschriebenen Büchern. Er versuchte mit seinen Lettern diesem Ideal nahezukommen. In seinem bekanntesten Werk, der 42-zeiligen Bibel, ist ihm dies in großartiger Weise gelungen.

290 verschiedene Lettern musste er dafür schneiden und gießen. Um diese „beweglichen Lettern" herzustellen, erfand Gutenberg ein noch bis ins letzte Jahrhundert gebräuchliches Handgießinstrument, mit dessen Hilfe gleichartige Lettern gegossen werden konnten.

Da für jeden Buchstaben eine Gussform notwendig war, erfand Gutenberg das Stahlstempelprägeverfahren zur Herstellung der Matrizen. Alle Stempel und Matrizen wurden von Gutenberg und seinen Gehilfen selbst hergestellt. So kann man Gutenberg nicht nur als Ahnherrn aller Schriftsetzer bezeichnen, sondern auch als Ahnherrn der Schriftschneider und Schriftgießer.

Johannes Gutenberg

Die Abbildung zeigt einen Kupferstich aus dem Jahr 1548 von A. Thevet in Paris. Das Porträt ist, wie alle anderen Gutenbergbilder, eine freie Erfindung des Künstlers. Johannes Gutenberg um 1397 in Mainz geboren, gestorben am 03.02.1468 am Hof des Mainzer Kurfürsten.

1.2 Schriftgeschichte

Höhlenmalerei
Stürzender Krieger

1.2.1 Bildhafte Schriften

Bilderschriften (um 30 000 v. Chr.)
Höhlenbilder dienten der Überlieferung von Ereignissen durch die Darstellung des Ereignisses selbst. Es gab aber auch damals schon abstrakte Abbildungen. Das Bild eines Gegenstandes, der eine Eigenschaft vorzugsweise besitzt, wurde zur Bezeichnung dieser Eigenschaft selbst genutzt. Das Bild der Sonne versinnbildlichte beispielsweise den Begriff Licht, das Bild des Ohres vermittelt Hören und das Auge bedeutet Sehen. Diese Bilder wurden aber uneinheitlich verwendet.

Wortbilderschriften (um 3 500 v. Chr.)
Die primitiven Bilderschriften entwickelten sich ganz allmählich zu Wortbilderschriften, in denen einzelne Wörter festgelegte Zeichen erhielten und dadurch auch abstrakte Begriffe dargestellt werden konnten.

So entstand aus der hieroglyphischen Bilderschrift die hieratische Schrift (ca. 3000 v. Chr.). Aber auch diese Schrift unterlag in den nächsten Jahrhunderten noch vielen Veränderungen. Bis die von den Griechen stammende, sogenannte demotische Schrift im Mittelmeerraum Verbreitung fand, hatten die Zeichen von den alten hieroglyphischen Bildern bis zu den demotischen Schriftzeichen eine Wandlung erfahren, die eine Verwandtschaft kaum mehr erkennen ließ. Vergleicht man in der Tabelle unten die ursprünglichen hieroglyphischen Bilder der Ägypter mit den Weiterentwicklungen, so stellt man fest, dass die Bildhaftigkeit immer weiter zurückging.

Silbenschrift (um 3 000 v. Chr.)
Erst viele Jahrhunderte später entwickelte sich aus den Wortbilderschriften die Silbenschrift, wie sie zum Beispiel in China heute noch benutzt wird. Neuere Forschungen haben eindeutig ergeben, dass der Anfang der Schrift auf Bilderschriften zurückzuführen ist.

1.2.2 Vom Bild zum Alphabet

Je mehr Informationen geschrieben und übermittelt wurden, umso flüssiger und schneller musste geschrieben werden. Das Bild wurde zum Zeichen, es verlor die Merkmale des entsprechenden Gegenstandes und bestand nur noch aus Linien und Punkten. Heute werden Wörter aus den zur Verfügung stehenden Buchstaben basierend auf der Aussprache zusammengesetzt.

Griechische Epoche (um 500 v. Chr.)
Griechische Tempelbauten bedienten sich weniger, klarer Formen: Quadrat, Rechteck, Dreieck und Kreis. So ist die griechische Schrift wie die griechischen Tempel aus diesen vier geometrischen Grundformen klar strukturiert aufgebaut. Die Schrift wurde in Stein gemeißelt und in Ton geritzt. Aus der konstruktiven handwerklichen Herstellung der Schrift entstand der heute

Beispiel für den Entwicklungsverlauf von Schriften
Ausgehend von den alten Bilderschriften wird die Entwicklung zu den nächsthöheren Stufen aufgezeigt.

Ägyptische Schrift	Hieroglyphisch	Hieratisch	Demotisch	Bedeutung
				Mensch
				Stier

gebräuchliche Begriff „Griechische Winkelschrift“. Es wurden ausschließlich Versalien verwendet.

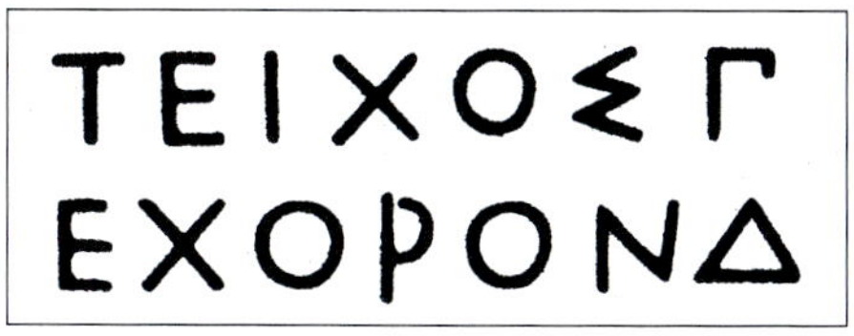

Die griechische Schrift hat ein Alphabet mit 24 Zeichen. Damit konnte jeder beliebige Text wiedergegeben werden.

Römische Epoche (um 100 v. Chr.)
Die Römer übernahmen für ihre Schrift das Alphabet der Griechen. Das griechische Alphabet wird weitergeformt, verändert und erhält weitere, nunmehr römische Schriftzeichen. Es sind, wie bei den Griechen, nur Großbuchstaben. Kleinbuchstaben sind noch unbekannt.

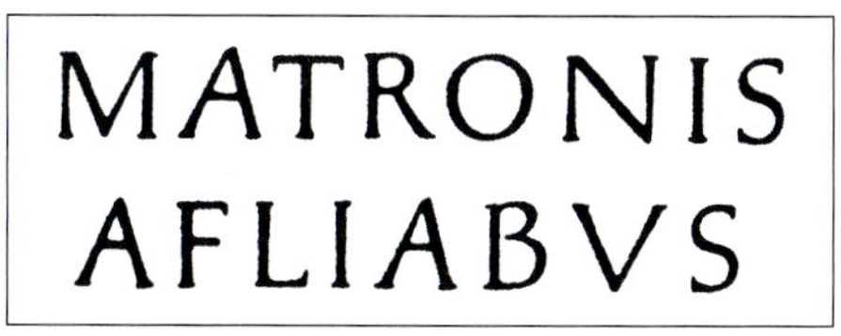

Die römischen Buchstabenstriche weisen rhythmische Verdickungen und Verdünnungen auf. Die Formen der römischen Schrift wurden durch das Handwerkszeug und die Meißeltechnik der Bildhauer bestimmt.

Karolingische Epoche (um 800 n. Chr.)
Durch den beginnenden Handel weitet sich der Schriftverkehr aus. Daher musste sich die Schrift vom Stein lösen. Man schrieb jetzt mit einer Breitfeder auf Pergament und Papyrus. Um 800 entstand eine neue, gut lesbare Schrift. Diese Schrift entstand im Zusammenhang mit der sorgfältigen Herstellung wissenschaftlicher, kirchlicher und verwaltungstechnischer Bücher. Diese Schrift mit ihren Kleinbuchstaben wird „Karolingische Minuskel“ genannt.

Diese amtlich verordnete Schrift und die mit ihr verbundene Amtssprache Latein bewirkt durch ihre Verwendung eine Vereinheitlichung der Verwaltung, der Wissenschaft, der Geschichtsschreibung und der Bildung im Europa Karls des Großen.

Die mit der karolingischen Minuskel eingeführten Kleinbuchstaben lernt heute noch jedes Kind in der Grundschule: die lateinischen Kleinbuchstaben.

Romanik (um 1 000 n. Chr.)
Der Stilbegriff „Romanik“ bedeutet, dass in dieser Epoche einige Elemente aus der römischen Baukunst aufgegriffen wurden, andere Stilelemente wurden weiterentwickelt.

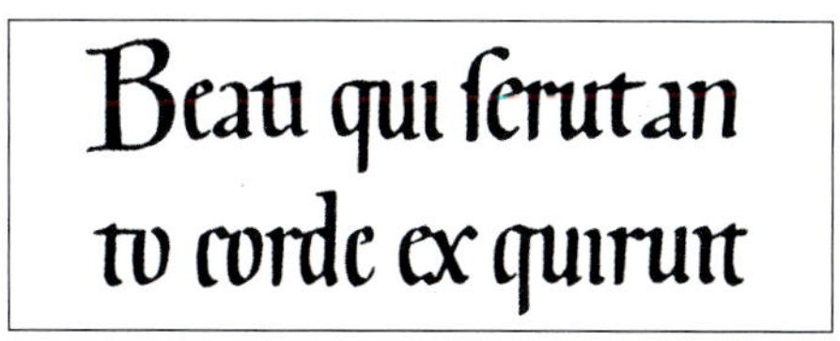

Die Schrift der Romanik ist nicht so wuchtig und massiv wie die Bauwerke. Die karolingische Schrift wird weiter entwickelt, der Unterschied zwischen den Groß- und Kleinbuchstaben wird deutlicher und ausgeprägter.

Gotik (um 1200 n. Chr.)
Der Baustil der Gotik drückt eine neue Geisteshaltung aus. Das Sinnen der mittelalterlichen Menschen ist ins Jenseits gerichtet, die Bauwerke und ihre einzelnen Elemente sind schlank emporragend.

Um die gotische Schrift ebenso schlank wie die Bauwerke zu gestalten, wurden die Rundungen der karolingischen Minuskel allmählich gebrochen. Die Schrift wird ohne jegliche Rundung mit der Breitfeder geschrieben, betont die Senkrechte und wirkt mit ihren eng nebeneinanderliegenden senkrechten Strichen wie ein Gitter.

Renaissance (um 1400 n. Chr.)
Mit der Renaissance beginnt eine Erneuerung der europäischen Gesellschaft. Die Menschen knüpfen an die Erkenntnisse der Antike an und entwickeln diese weiter.

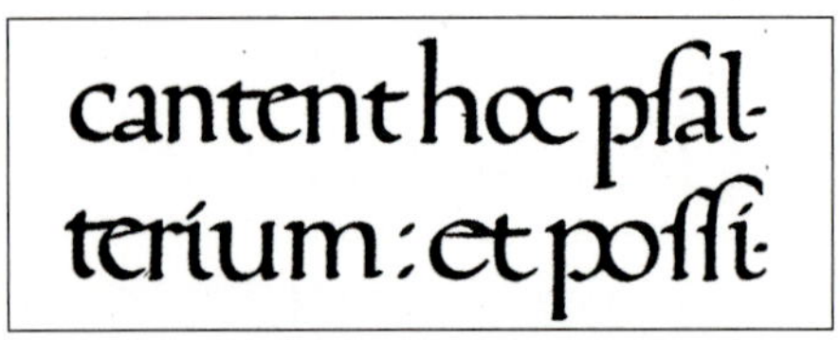

Bei der Schrift gibt es während der Renaissance starke Veränderungen: Die während der Gotik so lange vergessene karolingische Minuskel wird als Schriftvorbild wiederentdeckt. Als Großbuchstaben werden die Formen der römischen Schriften verwendet. Diese in der Renaissance geformten Schriften sind heute in die Schriftgruppe der „Renaissance-Antiqua" eingeordnet.

Barock und Rokoko (um 1700 n. Chr.)
Das aus dem Portugiesischen stammende Wort „Barock" bedeutet frei übersetzt etwa „schiefrund, unregelmäßig geformt, Ellipse".

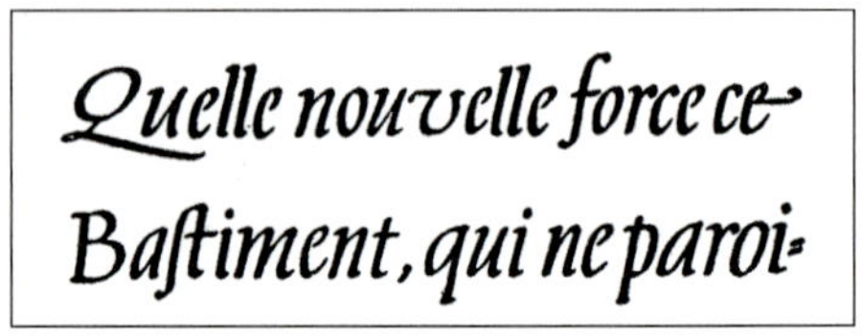

Die Schriften der Renaissance entwickeln sich zur „Barock-Antiqua" weiter. Das Schriftbild wird feiner und wirkt deutlich leichter. Es entsteht erstmals eine „handschriftliche Antiqua", die wir heute als Kursivschrift oder als Schreibschrift kennen. Diese Schriften wurden mit vielen Zierschwüngen versehen und machten einen verspielten, leichten und meist gut lesbaren Eindruck.

Klassizismus (um 1800 n. Chr.)
Nach der Überladenheit des Barock und vor allem des Rokoko wird der Wunsch nach Einfachheit und Klarheit deutlich.

Die Entwicklung der Schrift folgt der Baukunst. Ebenso wie die streng gegliederten klassizistischen Bauwerke werden auch Schriften Ausdruck einer einfachen, unverschnörkelten Größe. Die Schriften sind gekennzeichnet durch starke Unterschiede in den Strichstärken.

Romantik (um 1800 n. Chr.)
Mit der klassizistischen Epoche entsteht nahezu zeitgleich eine weitere europäische Geistesströmung – die Romantik. Im Gegensatz zum Klassizismus, in dem Verstand und Vernunft vorherrschen, betont die romantische Bewegung die tieferliegenden, unbewussten und wissenschaftlich schwer erfassbaren Kräfte des Empfindens.

Wittenberger Frakturschrift

Dies führte auf dem Gebiet der Schriftentwicklung zu einer neuen Blütezeit mittelalterlicher Schriften. Insbesondere die Fraktur wurde zur bevorzugten Schrift der Romantik.

Ägyptenmode (um 1850 n. Chr.)
Als im Jahr 1802 die Engländer im Zusammenhang mit dem Feldzug Napoleons in Ägypten die französische Fregatte „Egyptienne" gekapert hatten, wurde durch die erbeuteten ägyptischen Kunstwerke in ganz Europa eine Ägyptenmode ausgelöst.

Egyptienne wirkt breit, schwer ...

Zunächst erschien in England die Schrift „Ägyptische Antiqua", später wird diese Schrift als „Moderne Antiqua" viel in Deutschland und Frankreich verwendet. Die Egyptienne-Schriften befriedigten im Zuge der Industriellen Revolution den gestiegenen Bedarf nach auffälligen Werbeschriften für die in dieser Zeit immer häufiger werdenden Handzettel und Plakatwerbungen.

Weg zur neuen Sachlichkeit (um 1900 n. Chr.)
Parallel zur Entwicklung der Egyptienne entstand eine Schrift ohne Serifen. Bei der sogenannte Steinschrift oder Groteskschrift sind alle Schriftelemente von gleicher Stärke. Die Grotesk wird die Leitschrift der europäischen Industrialisierung, sie verkörpert Mechanisierung, Technisierung und Modernität.

Groteskschriften haben keine Serifen ...

Neue Sachlichkeit (um 1950 n. Chr.)
Stahlbeton und Skelettbauweise ermöglichen eine neue Architektur mit bisher nicht gekannten Dimensionen und Ausdrucksformen.

Verzicht auf alles Dekorative

In der Schrift drückt sich das rationale Zweckdenken in der „serifenlosen" und der „serifenbetonten Linear-Antiqua" aus. Die Schriften der neuen Sachlichkeit sind rational angelegt, es findet ein Verzicht auf alles Dekorative statt, alle Strichelemente sind gleich stark.

1.3 Aktuelle Schriftentwicklung

Audi-Webseite
mit der Webschrift „AudiType“

Der Anteil an digitalen Informationen in unserem Leben nimmt stetig zu, andere, speziell an das Lesen am Bildschirm angepasste Schriften wurden notwendig und entwickelt. Dabei muss der teilweise geringeren Auflösung von Bildschirmen, im Vergleich zum Druck, Rechnung getragen werden.

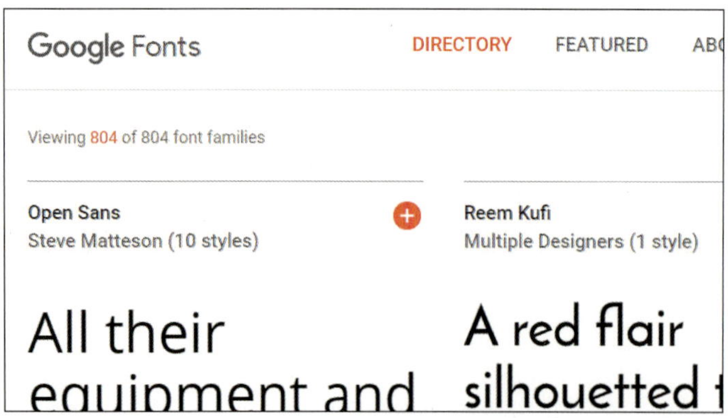

Google Fonts

Auf sehr feine Linien sollte verzichtet werden, dies ist vor allem bei Serifenschriften und Schreibschriften problematisch. Webtypografie erfährt derzeit einen Boom, nicht zuletzt durch die verbesserten technischen Möglichkeiten, auch Schriften in Webseiten verwenden zu können, die nicht auf allen Computern als Standardschrift installiert sind. Es wimmelt im Internet von Anbietern kostenfreier und kostenpflichtiger Webfonts. Wohin geht die Entwicklung?

Aktuell werden Webfonts bereits häufig eingesetzt und werden sicherlich die Systemschriften immer mehr ersetzen. Manche große Firmen mit charakteristischen Firmenschriften, wie z. B. Audi, setzen Webfonts ein, um ein einheitliches Corporate Design zu gewährleisten. Bei der Auswahl von Firmenschriften wird immer stärker berücksichtigt, dass die Schrift in allen Medien funktioniert und einsetzbar ist.

Auch die Globalisierung fordert ihren Tribut bei der Entwicklung und Gestaltung von Schriften. Globale Firmennetzwerke, weltumspannende Kommunikationstechnologien, Menschenströme, die rund um den Globus reisen, erfordern standardisierte Kommunikationstechnologien. Hierzu sind Schriften, Schriftlese- und Schrifterkennungstechniken notwendig, die die Globalisierung auf den unterschiedlichsten Kanälen unterstützen. Es muss sichergestellt sein, dass in global arbeitenden Netzwerken Informationen jederzeit an jedem Ort gleichartig zur Verfügung stehen.

Dazu gehören auch die FE-Schriften, also fälschungserschwerte und maschinenlesbare Schriften, wie sie z. B. bei den Autokennzeichen innerhalb der Europäischen Union verwendet werden. Die Maschinenlesbarkeit der Schrift war ein wichtiges Kriterium bei der Entwicklung der Buchstabenform. Die hochgezogene, unproportionale Schrift verhindert Verwechslungen der einzelnen Buchstaben bei der automatisierten Erfassung durch optische Lesegeräte zur Nummernschilderkennung. Nur wenn sichergestellt ist, dass die Erfassung fehlerfrei erfolgt, kann eine weitere Bearbeitung erfasster Autokennzeichen vorgenommen werden. Alle Zeichen eines Autokennzeichens in der Standardschrift sind 75 mm hoch, die Buchstabenbreite beträgt 47,5 mm, Ziffern sind 44,5 mm breit.

Die Diskussion um die richtige Entwicklung der Schriftkultur im grafischen Bereich findet ihren Niederschlag auch bei vielen Konferenzen, Symposien und Veranstaltungen zum Thema Schrift, Typografie und Design.

Die Typo 2016, die größte regelmäßige Designkonferenz Europas, widmete sich dem Thema „Beyond Design?“ und damit der Zusammenarbeit mit Menschen mit unterschiedlichen Kompetenzen. Unter anderem ging es darum, Schriften für eine schnelle, meist flüchtige Informationsaufnahme zu optimieren, um heutige Nutzer ideal zu unterstützen.

FE-Schriftalphabet

Alphabet der von der Bundesanstalt für Straßenwesen entwickelten Kennzeichenschrift

Typo 2016

Die Schriftart *Beyond TYPO* basiert auf einer mit einem fetten Filzstift geschriebenen Vorlage.

TYPO 2017

Die Typo 2017 hat das Thema „wanderlust“. Die Website dazu setzt auf eine Mischung der Webfonts „FF Sanuk Big Pro“ **A** und „Carina W04“ **B**

1.4 Aufgaben

1 Druckgeschichte kennen

An welchen drei Erfindungen im Zusammenhang mit Typografie und Druck hat Johannes Gutenberg maßgeblich mitgewirkt.

1.

2.

3.

2 Schriftgeschichte kennen

Nennen Sie die Entwicklungsstufen der Schrift, beginnend bei der Bilderschrift.

1. Bilderschrift

2.

3.

4.

3 Griechische Schrift beschreiben

Die griechische Schrift war für die Entwicklung der abendländischen Schriften besonders bedeutsam. Beschreiben Sie die Besonderheiten der griechischen Schrift.

4 Römische Schrift beschreiben

Beschreiben Sie die Besonderheiten der römischen Schrift.

5 Karolingische Minuskel beschreiben

Beschreiben Sie die Bedeutung der „karolingischen Minuskel" für die Schriftentwicklung.

6 Schriften einordnen

Ordnen Sie die abgebildeten Schriften der entsprechenden Epoche zu:

1. Schriftgeschichte

☐ Barock ☐ Klassizismus ☐ Romantik ☐ Ägyptenmode ☐ Neue Sachlichkeit

2. Schriftgeschichte

☐ Barock ☐ Klassizismus ☐ Romantik ☐ Ägyptenmode ☐ Neue Sachlichkeit

3. Schriftgeschichte

☐ Barock ☐ Klassizismus ☐ Romantik ☐ Ägyptenmode ☐ Neue Sachlichkeit

4. *Schriftgeschichte*

☐ Barock ☐ Klassizismus ☐ Romantik ☐ Ägyptenmode ☐ Neue Sachlichkeit

5. **Schriftgeschichte**

☐ Barock ☐ Klassizismus ☐ Romantik ☐ Ägyptenmode ☐ Neue Sachlichkeit

6. Schriftgeschichte

☐ Barock ☐ Klassizismus ☐ Romantik ☐ Ägyptenmode ☐ Neue Sachlichkeit

7. SCHRIFTGESCHICHTE

☐ Barock ☐ Klassizismus ☐ Romantik ☐ Ägyptenmode ☐ Neue Sachlichkeit

2.1 Buchstaben

Das Verständnis für die Form und die Funktion des einzelnen Buchstabens ist die Voraussetzung dafür, guten Schriftsatz und funktionelle Typografie zu gestalten. Guter Schriftsatz und gelungene Typografie unterscheiden sich vom üblichen Computersatz dadurch, dass Leser Informationen besser, müheloser und schneller aufnehmen können.

2.1.1 Buchstabenarchitektur

Der Buchstabe ist das kleinste typografische Element unserer Sprache. Aus der Summe der einzelnen Zeichen setzen sich in den unterschiedlichsten Kombinationen alle Informationen unserer Sprache zusammen. Um mit den Buchstaben, also den Versalien, Gemeinen, Zeichen und Ziffern eines Alphabetes Informationen zu übermitteln, ist es unabdingbar, einige Grundinformationen über unsere Schrift zu wissen. Nur wer Grundwissen über die „Architektur" der Buchstaben kennt, kann typografisch arbeiten – also mit den Formen der Buchstaben schreiben, gestalten und damit Informationen schnell und effektiv transportieren.

Schriftterminologie
Auf dieser und den folgenden Seiten werden Ihnen die wichtigsten Fachbezeichnungen zu Buchstaben und Schrift genannt und visuell verdeutlicht.

Einige der Bezeichnungen haben ihren Ursprung noch im Bleisatz. In der Abbildung unten sehen Sie daher eine Bleiletter dreidimensional und in der Draufsicht. Da mit Bleilettern, im Gegensatz zum indirekten Offsetdruck, direkt gedruckt wurde, ist das Schriftbild spiegelverkehrt. Die Fachbezeichnungen sind gültig für alle Schriften und für alle Schriftschnitte.

Vier-Linien-System
Buchstaben werden durch ein System von vier horizontalen Linien gegliedert bzw. strukturiert. Dieses Vier-Linien-

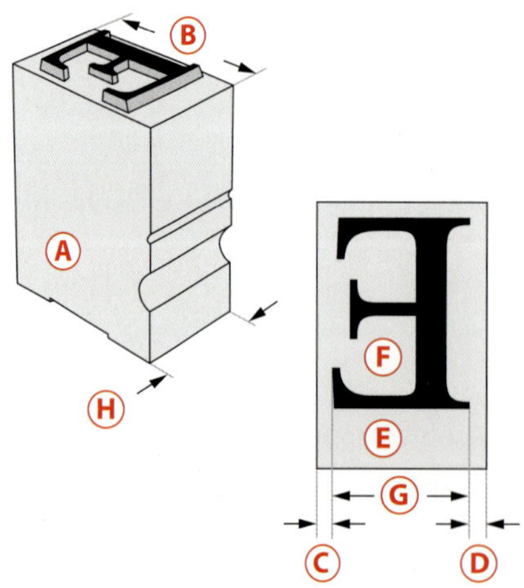

Fachbegriffe am Buchstaben

- **A** Kegel: Bezeichnung für die Bleiletter.
- **B** Kegelhöhe: Die Höhe des Schriftkegels. Nach der Kegelhöhe einer Schrift wird der Schriftgrad (Schriftgröße) gemessen.
- **C** Nachbreite: Schmaler Abstand auf dem Schriftkegel nach dem Buchstabenbild. Vor- und Nachbreite dienen der Lesbarkeit einer Schrift und sorgen dafür, dass sich Zeichen beim Satz nicht berühren.
- **D** Vorbreite: Schmaler Abstand auf dem Schriftkegel vor dem Buchstabenbild.
- **E** Fleisch: Nichtdruckende Elemente um das Buchstabenbild.
- **F** Punzen: Innenraum eines Schriftzeichens, hier: offene Punze. Hat der Innenraum keine Öffnung, wie bei einem „O", handelt es sich um eine geschlossene Punze.
- **G** Zeichenbreite: Breite des druckenden Schriftbildes.
- **H** Dickte: Zeichen mit Vor- und Nachbreite.

System der Schrift ermöglicht eine Erfassung und Normierung nahezu aller Schriften, unabhängig davon, wie individuell sich die Ausdehnungen der einzelnen Schriften darstellen.

Für die Gestaltung mit Schriften ist es erforderlich, dass sich Schriftgestalter an diesem Vier-Linien-System der Schrift orientieren. Dadurch ist es möglich, unterschiedliche Schriftschnitte und Schriften zu kombinieren und eine gute Lesbarkeit zu schaffen. Unten ist beispielhaft der Schriftzug *Hamburgo* im Vier-Linien-System dargestellt, der gut die Besonderheiten aufzeigt.

Typografische Besonderheiten

- **A** Buchstabenpaare, die beim Aufeinandertreffen unschöne Übergänge ergeben
- **B** Ligaturen (extra gestaltete Zeichen)
- **C** Das „&" ist eine Ligatur aus „et"(lateinisch)
- **D** Kapitälchen (Versalien in der Höhe der Gemeinen)

Vor- und Nachbreite

Die Vor- und Nachbreite eines Buchstabens bilden den Weißraum, der verhindert, dass durch das Aneinanderfügen einzelner Buchstaben im Wort eine Berührung der Buchstabenbilder erfolgt. Eine derartige Berührung würde die Lesbarkeit erheblich erschweren.

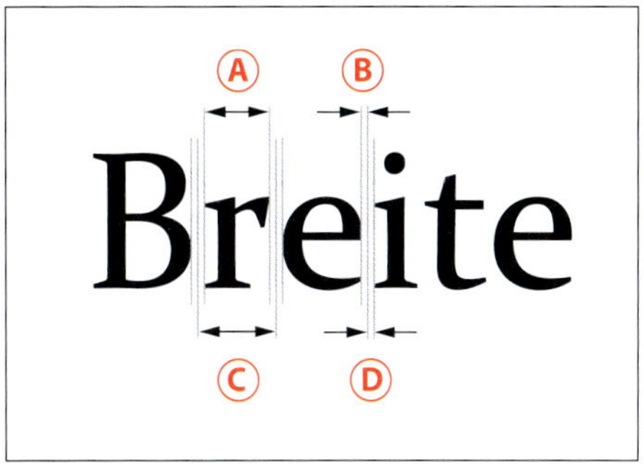

Vor- und Nachbreite

- **A** Zeichenbreite
- **B** Nachbreite (vom Buchstaben „e")
- **C** Dickte
- **D** Vorbreite (vom Buchstaben „i")

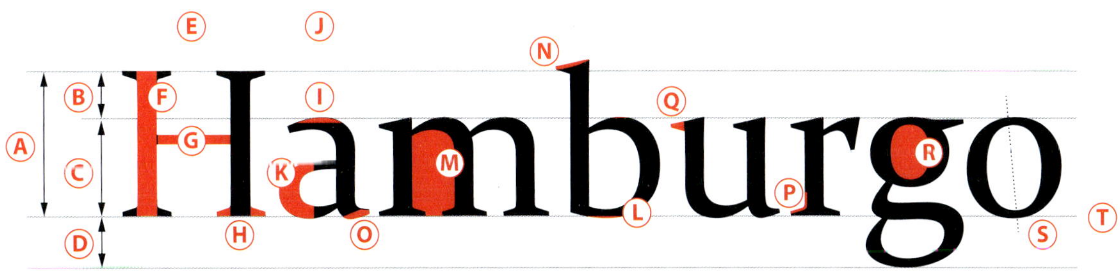

Vier-Linien-System, Fachbegriffe am Musterwort „Hamburgo"

- **A** Versalhöhe
- **B** Oberlänge
- **C** Mittellänge/x-Höhe/Höhe der Gemeinen
- **D** Unterlänge
- **E** Großbuchstabe/Versalie/Majuskel
- **F** Hauptstrich/Grundstrich
- **G** Haarstrich/Haarlinie/Querstrich
- **H** Serife
- **I** Scheitel
- **J** Kleinbuchstabe/Gemeine/Minuskel
- **K** Bauch
- **L** Überhang/Overshoot
- **M** Offene Punze
- **N** Anstrich/Dachansatz
- **O** Endstrich
- **P** Kehlung
- **Q** Halbserife
- **R** Geschlossene Punze
- **S** Symmetrieachse/Schattenachse
- **T** Grundlinie/Schriftlinie

Schriftgröße/Schriftgrad

Dieses Werk wurde in der Schrift Univers gesetzt. Als Schriftgrad für die Grundschrift wurde die Größe 9 Punkt gewählt. Die Bezeichnung 9 Punkt (pt) stammt aus dem typografischen Maßsystem (1 pt = 0,353 mm). Üblicherweise werden Schriftgrößen in typografischen Punkten angegeben.

Der Computersatz lässt beliebige Schriftgrößen zu, die beim Satz im entsprechenden Menü eingegeben werden können. Die Angabe einer Schriftgröße in mm ist ebenfalls möglich, aber wenig gebräuchlich.

Duktus

Der Duktus beschreibt den Charakter eines Buchstabens. Es geht dabei um die Gesamterscheinung eines Buchstabens, die durch Strichstärke, Strichneigung und Strichführung geprägt wird.

Daxline
Caecilia

Duktus
Schriften mit gleichartigem Duktus lassen sich gut kombinieren.

2.1.2 Geviert

Das satztechnische und typografische Bezugsmaß der Schrift ist das Geviert. Ausschlaggebend für die Größe des Gevierts ist immer der jeweilige Schriftgrad. In der Abbildung unten ist dies dargestellt.

Das Geviert entspricht einem Quadrat mit der jeweiligen Kantenlänge der verwendeten Schriftgröße. Bei der Digitalisierung einer Schrift wird das jeweilige Geviert in regelmäßige Abschnitte unterteilt. Da diese Teilung in horizontaler und vertikaler Ausdehnung durchgeführt wird, ergeben sich dadurch kleine regelmäßige Elemente.

In der Abbildung unten ist diese Digitalisierung vereinfacht dargestellt. Diese Elemente können für mehrere technische Modifikationen der Schrift verwendet werden. Hier ist vor allem die Veränderung der Laufweite zu nennen. Durch die Herausnahme oder das Einfügen eines bestimmten Geviert-Anteiles kann der Buchstabenabstand innerhalb einer Schrift verändert werden, also z. B. eine Verkleinerung des Abstandes um 1/8 Geviert.

Bei der so durchgeführten Veränderung der Laufweite werden also die Buchstabenabstände variiert, das Buchstabenbild wird nicht verändert. Allerdings kann dabei der Buchstabenabstand so minimiert werden, dass Bildelemente der Buchstaben dadurch ineinandergeschoben werden, was die Lesbarkeit extrem beeinträchtigt.

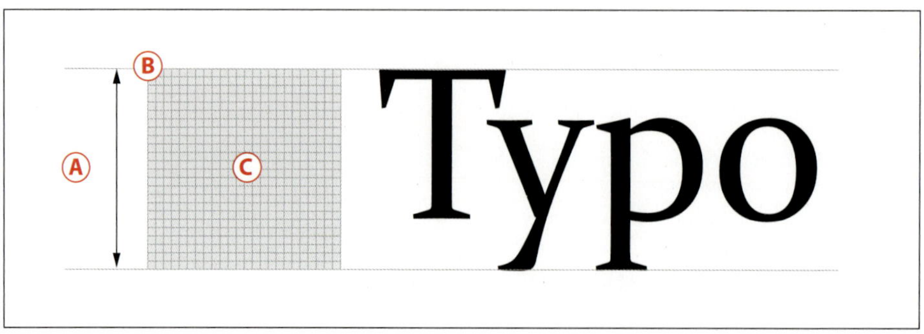

Geviert
- **A** Schrifthöhe = Kantenlänge des Gevierts
- **B** Das Geviertquadrat mit gleicher horizontaler und vertikaler Ausdehnung entsprechend der gewählten Schriftgröße
- **C** Unterteiltes Geviert (übliche Einheiten: 1/24, 1/8, 1/6, 1/4, 1/3, 1/2, 1 Geviert)

2.2 Ziffern und Zahlen

2.2.1 Ziffern

Eine Zahl stellt eine Mengenangabe dar, die Ziffer ist das Zeichen dafür. Die Bezeichnung „Ziffer" kommt aus dem arabischen Sprachraum. In Europa wurde etwa seit dem 10. Jahrhundert das arabische Ziffernsystem eingeführt, das die Araber vermutlich um 500 n. Chr. aus Indien übernommen haben. Der Gebrauch der arabischen Ziffern wurde vor allem durch die Kreuzzüge gefördert, zuerst wurde er in Südfrankreich und Italien, ab dem 16. Jahrhundert in ganz Europa üblich. Durch die arabischen Ziffern wurden die römischen Zahlzeichen weitgehend ersetzt.

Ziffern mit der Orientierung an der Mittel- und Oberlänge werden als Normalziffern bezeichnet. Beispiel sind die Ziffern der hier verwendeten Schrift Univers. Ziffern mit Ober- und Unterlängen werden als Mediävalziffern bezeichnet. Beispiel dafür sind die Ziffern aus der Schrift Meta. Mediävalziffern integrieren sich unauffällig in einen Fließtext, wohingegen Normalziffern aus einem Fließtext optisch hervortreten. Als Besonderheit gibt es bei Ziffern noch die Halbgeviertziffern. Diese werden überall dort verwendet, wo die Ziffern exakt untereinander stehen sollen. Dies kann zum Beispiel bei Tabellen erforderlich sein.

Ziffern	Schrift		Ziffern	Schrift
1234567890	Arial	A	1234567890	Frutiger
1234567890	AvantGarde		1234567890	Gill Sans
1234567890	Bauer Bodoni		1234567890	Goudy Sans
1234567890	Bauhaus		1234567890	Helvetica
1234567890	Book Antiqua		1234567890	META CAPS
1234567890	Brighton	B	1234567890	Meta Normal
1234567890	Caecilia		1234567890	Myriad Pro
1234567890	Calibri	C	1234567890	OCR-A
1234567890	Claredon		1234567890	Palatino
1234567890	Claude Sans		1234567890	Schwabacher
1234567890	Daxline		1234567890	The Sans
1234567890	DIN 1451		1234567890	The Serif
1234567890	Edwardian Script		1234567890	Univers
1234567890	Elisa		1234567890	Walbaum
1234567890	Futura		1234567890	Weidemann

Verschiedene Ziffernarten bei unterschiedlichen Schriften

Mediävalziffern sind nicht in allen Font-Angeboten enthalten. Für hochwertige typografische Arbeiten wie z. B. umfangreiche Firmen-CIs ist es unabdingbar, dass eine Schrift Mediävalziffern, Ligaturen und Kapitälchen enthält. Nur dann ist eine professionelle und hochwertige Gestaltungsarbeit möglich.

A Normalziffern
B Mediävalziffern
C Halbgeviertziffern

2.2.2 Römische Zahlzeichen

Wie bereits angesprochen, wurden die römischen Zahlen durch arabische Ziffern weitgehend abgelöst. Für Urkunden oder Verträge, für Kapitelnummerierungen oder in einer Titelei werden aus optischen Gründen auch heute noch manchmal römische Zahlzeichen zur Gestaltung genutzt.

Römische Ziffern und deren Werte				
Römisch	I	V	X	L
Dezimal	1	5	10	50
Römisch	C	D	M	
Dezimal	100	500	1000	

Die Tabelle zeigt die römischen Ziffern und die jeweils zugehörige Dezimalzahl. Das römische Zahlensystem ist ein Additionssystem, für das folgende Regeln gelten:

- Alle Zahlen werden durch das Addieren der Ziffern gebildet. Die größte Ziffer steht immer links.
- Es werden grundsätzlich die größtmöglichen Ziffern benutzt.

Römische Ziffern

Ziffernblatt der Kirchenuhr von St. Peter in Zürich. Mit einem Durchmesser von 8,7 m das größte Ziffernblatt in ganz Europa.

- Von I, X und C dürfen immer höchstens drei gleiche nebeneinander stehen.
- V, L und D dürfen nur einzeln stehen.
- Eine kleinere Zahl kann von einer größeren subtrahiert werden. Die zu subtrahierende Zahl steht links von der zu vermindernden.
- Der Substrand I darf nur links von V oder X stehen, der Substrand X nur links von L oder C.
- V, L und D dürfen niemals von einer größeren Ziffer subtrahiert werden.
- Soll eine von mehreren gleichen Ziffern vermindert werden, so muss immer die rechts stehende vermindert werden, z. B. XXIX entspricht 29.

Beispielrechnung 1
Die römische Zahl MMCDLXVIII soll als Dezimalzahl geschrieben werden.
Einmal steht eine kleinere Zahl (C) vor einer größeren Zahl (D), hier muss subtrahiert werden, der Rest wird addiert.
1000 + 1000 + (500 - 100) + 50 + 10 + 5 + 1 + 1 + 1 = 2468

Beispielrechnung 2
Die Dezimalzahl 1794 soll als römische Zahl dargestellt werden. 1794 wird zerlegt in größtmögliche römische Ziffern:
1000 = M
500 = D
100 = C
100 = C
90 = 100 - 10 = XC
4 = 5 - 1 = IV
Die Ziffern werden in der richtigen Reihenfolge ohne Wortzwischenraum direkt hintereinander gestellt:
1794 = MDCCXCIV

2.3 Satzzeichen und Sonderzeichen

2.3.1 Satzzeichen

Punkt und Komma
Damit man Texte leichter lesen und den Inhalt erfassen kann, gliedern Punkte einen Text in einzelne Sätze und Kommas gliedern den Satz in kleinere „Häppchen". Der Punkt wird außerdem für Abkürzungen verwendet. Drei aufeinanderfolgende Punkte stehen für Auslassungen, also wenn … weggelassen wurde. Kommas können neben der besseren Lesbarkeit einem Satz auch einen anderen Sinn geben, hier ein Beispiel:

- „Ich liebe dich, nicht Julia liebe ich."
- „Ich liebe dich nicht, Julia liebe ich."

Doppelpunkt und Strichpunkt
Zur Verbindung zweier gleichrangiger Sätze oder Wortgruppen benutzt man einen Strichpunkt (Semikolon). Der Strichpunkt bewirkt eine stärkere Trennung als ein Komma, aber eine schwächere Trennung als ein Punkt.

Einem Zitat oder einer Aufzählung vorangestellt wird ein Doppelpunkt. Ein Doppelpunkt kann außerdem Erklärungen oder Zusammenfassungen einleiten.

Striche
Waagrechte Striche gibt es in Deutschland üblicherweise in drei unterschiedlichen Längen. Der kürzeste ist der Bindestrich, er wird u. a. bei Worttrennungen oder Aneinanderreihungen aus mehreren Wörtern (No-Future-Generation) verwendet. Beim Bindestrich, auch Divis genannt, handelt es sich um einen Viertelgeviertstrich.

Der Halbgeviertstrich wird in der Bedeutung „bis" ohne Zwischenraum verwendet (11–12 h). Als Streckenstrich (Konstanz – Zürich) und bei Verwendung in der Bedeutung „gegen" (Bayern München – Borussia Dortmund) steht der Halbgeviertstrich mit Zwischenraumen. In Deutschland wird der Halbgeviertstrich auch als Gedankenstrich verwendet, er ersetzt dann – z. B. bei erklärenden Einschüben – das Komma als Satzzeichen.

Bei Geldbeträgen findet in Tabellen – jedoch nicht, wie hier, im Fließtext – der Geviertstrich Verwendung (1,— €), um zwei Nullen (00) zu ersetzen.

Der Schrägstrich wird z. B. bei Einheiten als „Geteilt" (100 km/h) oder als Trennstrich zwischen Wörtern oder Zahlen verwendet (2013/14, 13./14. Juni, und/oder).

Anführungszeichen und Guillemets
Zitate werden in Deutschland mit doppelten Anführungszeichen auf der Grundlinie eröffnet, einfache Anführungszeichen, ebenfalls auf der Grundlinie stehend, eröffnen ein Zitat, das innerhalb eines Zitates steht. Man spricht bei den Anführungszeichen am Ende auch manchmal von „Ab"-führungszeichen. Neben den normalen deutschen Anführungszeichen können im Deutschen aus gestalterischen Gründen auch französische An- und Abführungszeichen (Guillemets) verwendet werden.

Das einfache rechte Anführungszeichen wird auch als Auslassungszeichen (Apostroph) verwendet (z. B. „Das hab' ich gern.").

Beispiele für Anführungszeichen und Guillemets

„Sie sagte: ‚Hallo, ich bin Susi', und lief weiter."
»Sie sagte: ›Hallo, ich bin Susi‹, und lief weiter.«

2.3.2 Sonderzeichen

Zu den Sonderzeichen zählen z. B. mathematische Zeichen (±, ½, ¾), Währungszeichen (€, $, £), das Copyright-Zeichen (©), Hochzahlen (^{2}, ^{3}), Klammern ({[]}), das Gradzeichen (°) oder sprachenspezifische Zeichen (ä, ö, ü, ç, æ, ß).

GRÜSSE
GRÜẞE

Verwendung von „ß"
Bei Versalschreibung wird das „ß" in der Regel durch „ss" ersetzt, z. B. „STRASSE". Manche Schriften besitzen jedoch auch eine „ß"-Versalie, wie die hier abgebildete Schrift „Museo Sans".

2.4 Akzente und Symbole

2.4.1 Akzente

Allen Schriften werden Akzentbuchstaben mitgegeben, die es ermöglichen, vorhandene Schriften auch für den fremdsprachigen Satz zu nutzen. Für Arbeiten in fremdsprachigen Texten ist es oft notwendig, spezielle Schriftfonts zu beschaffen, in denen alle Zeichen und Akzente vorhanden sind. Vor allem der Satz in Russisch, Griechisch, Hebräisch oder in asiatischen Sprachen erfordert spezielle Fonts, um Satzarbeiten mit den entsprechenden Zeichen problemlos zu erstellen.

Nachstehend sind für einige Sprachen typische fremdsprachliche Akzente und Buchstaben der Schrift Univers am Beispiel der Kleinbuchstaben aufgeführt. Versalbuchstaben benötigen diese Akzente ebenso, wie im dänischen und spanischen Schriftsatz dargestellt ist.

Dänisch

æ ø å
Æ Ø Å

Französisch

à â æ ç é è ê ë î ï ô œ ù û ÿ

Spanisch

á é í ï ñ ó ú ü
Á É Í Ï Ñ Ó Ú Ü

2.4.2 Symbole

Bei nahezu jeder Schrift werden noch zusätzliche Zeichen und Symbole mitgeliefert. Dies können Pfeile, Kreuze, Sterne, Punkte und andere sein.

Neben den Symbolen, die bei einer Schrift mitgeliefert werden, gibt es noch extra Symbolschriften. Diese enthalten Zeichen, die mittels Tastaturbefehl aufgerufen werden. Eine bekannte Symbolschrift ist die „Zapf Dingbats".

Nachfolgend sind einige Beispiele für Symbole in Schriften und Symbolschriften aufgeführt:

Symbole in „normalen" Schriften:

Bello Pro

☺ ☻ ☼ ♀ ♂ ♠ ♥ ♫ ■

Book Antiqua

Adobe Caslon Pro

Chaparral Pro

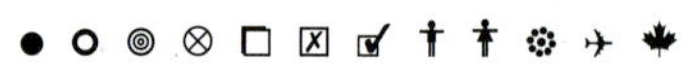

CommonBullets

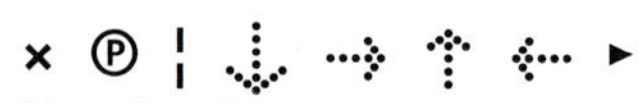

Meta CapsExpert

† ‡ • ¤

Univers

Symbolschriften:

BOUTON International Symbols

Geotype

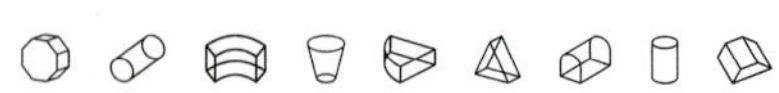

Shapeshifter

Warning Pi

→ ↕ ① ■ ✂ ✗ ✚ † ✱ ❖

Zapf Dingbats

2.5 Schriftfamilie, Expertensatz und Schriftsippe

2.5.1 Schriftfamilie

Die Gesamtheit der Buchstabenschnitte einer Schrift mit gemeinsamen Formmerkmalen, so wie diese vom Schriftgestalter entworfen wurde, wird als Schriftfamilie bezeichnet. Schriften werden hinsichtlich der Breite des Buchstabenbildes in enge, schmale, normale, breite und extrabreite Schnitte eingeteilt. Nach der Stärke des Schriftbildes werden sie mit den Begriffen mager, normal, halbfett, dreiviertelfett, fett und extrafett benannt. Die Bezeichnung „normal“ wird üblicherweise nur dann verwendet, wenn zwei magere Schriftschnitte vorhanden sind. Sonst reicht die Bezeichnung mager bzw. der Schriftname ohne weitere Kennzeichnung.

Mehrere Bezeichnungen ergeben sich, wenn eine Schrift mit den Schnitten schmal und mager, breit und fett vorliegt. Die Bezeichnung ist dann beispielsweise „schmale, magere Grotesk“ oder „breite, halbfette Grotesk“.

Wird eine Schrift in mehreren Schnitten wie mager, halbfett, fett, kursiv erstellt, so bilden alle zusammengehörenden Schnitte eine Schriftfamilie. Zu jeder Schrift gehört dann das gesamte Alphabet mit Groß- und Kleinbuchstaben, eventuelle Ligaturen, Ziffern, Interpunktionszeichen, Akzentbuchstaben und Kapitälchen sowie Sonderzeichen. Für die jeweiligen Schriftschnitte sind die unten genannten deutschen und englischen Bezeichnungen geläufig. Da Schriften aus allen Ländern zu uns gelangen, finden wir dann international gebräuchliche Benennungen wie Light, Italic oder Bold.

Schriftschnittbezeichnungen
Hier einige international gebräuchliche Schriftschnittbezeichnungen und die dazugehörigen deutschen Begriffe in der Übersicht:

Internationale Bezeichnung	Deutsche Bezeichnung
Condensed	Eng
Light	Leicht/mager
Thin	Leicht/mager
Normal	Normal
Book	Buchschrift/normal
Extended	Breit
Italic	Kursiv
Bold	Fett
Heavy	Fett
Extra Bold	Extrafett
Semibold	Halbfett
Oblique	Kursiv

Univers 45 Light
Univers 47 CondensedLight
Univers 55
Univers 57 Condensed
Univers 59 Ultra Condensed
Univers 65 Bold
Univers 65 Bold Italic
Univers 67 Condensed Bold
Univers 75 Black
Univers 85 Extra Black

Schriftfamilie Univers
Ein Auszug aus dem Standardangebot in der Linotype Collection für die Univers (mit Schriftnamen und Kennzahlen). Ausgangsschrift ist die Univers 55.

Schriftfamilie Univers

Die Univers ist die bekannteste Schrift Adrian Frutigers. Sie machte Frutiger mit einem Schlag weltberühmt. Entworfen wurde sie mit vielfältigen Schriftschnitten. Diese serifenlose Schrift, die unter anderem Hausschrift der Deutschen Bank ist, stellt wohl die bedeutendste Konzeptionsidee dar, die im 20. Jahrhundert auf dem Gebiet der Schriftkunst erdacht und verwirklicht wurde.

Die Univers besteht aus einer aufeinander abgestimmten Schriftfamilie von 21 Schnitten, die bis zum Jahr 1999 auf 63 Schnitte ergänzt wurde. Alle Varianten haben dieselbe X-Höhe, so dass man sie ohne Schwierigkeiten auf verschiedene Art und Weise auf einer Seite platzieren kann. Entstanden ist die Univers als direkte Reaktion auf die Futura, die Frutiger als zu geometrisch und konstruktivistisch empfand.

Mit der Univers wurde erstmals eine Schrift entworfen, bei der alle denkbaren Schnitte bereits bei der Entwicklung mit berücksichtigt wurden. Die Univers 55 ist die Ausgangsschrift dieser Schriftfamilie. Alle Schnitte sind durch Zahlen gekennzeichnet. Die Univers 85 wird z. B. als Univers 85 ExtraBlack oder ExtraBlackOblique angeboten. Es wird sowohl mit der Zahlenkennzeichnung als auch mit den üblichen Schriftschnittbezeichnungen gearbeitet oder mit Kombinationen beider Benennungen. In der Abbildung ist der Grundaufbau der Schrift Univers dargestellt, die Univers wurde auch für den Satz dieses Buches verwendet.

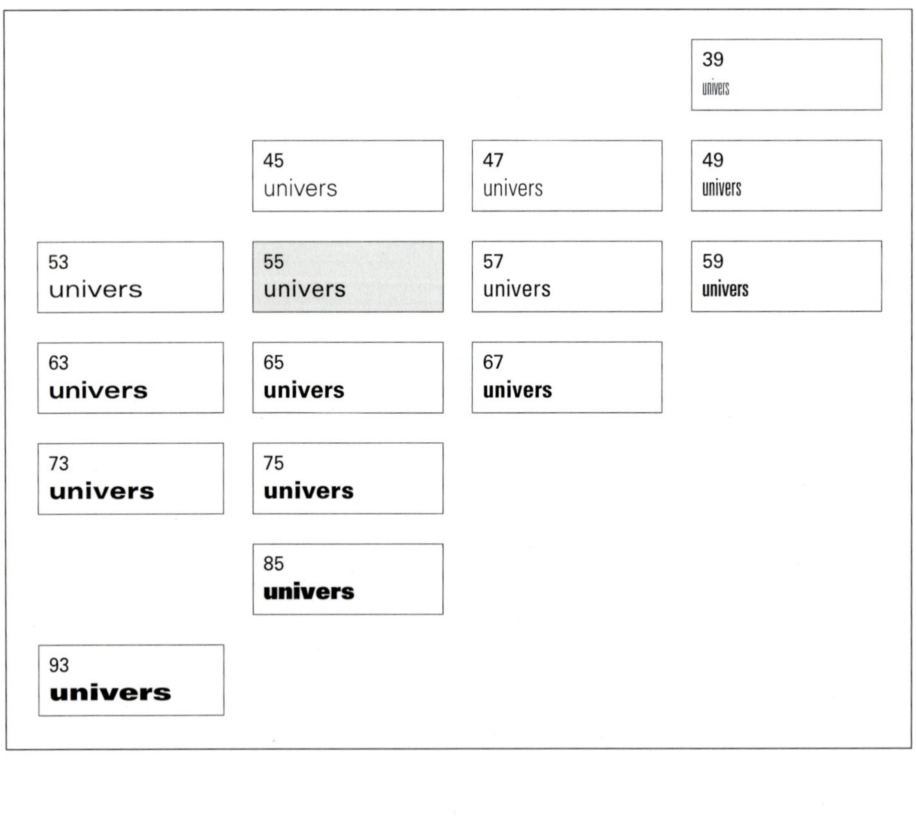

Schriftfamilie Univers im Überblick

Die Univers 55 (grau hinterlegt) ist der Normalschnitt und der Ausgangsschriftschnitt für alle Schriftabwandlungen, die im Laufe der Schriftfamilienentwicklung durchgeführt wurden.

2.5.2 Expertensatz und Schriftsippe

Expertensatz

Eine Schriftfamilie mit vielen Schriftstilen und einem sehr umfangreichen Figurensatz bezeichnet man als Expertensatz, Expertzeichensatz oder auch Expert Set.

Ein solcher Zeichensatz enthält sämtliche Grundstile. Also normale, kursive, halbfette und fette Schriftstile. Ein Expertensatz umfasst in der Regel auch Figurenverzeichnisse mit Ligaturen, Normal-, Mediäval- und Minuskelziffern, Bruchziffern, mathematischen Sonderzeichen und Ornamente. Bei vollständigen Expertzeichensätzen sind noch Titelschriften enthalten.

Titelschriften verfügen über mehr und feinere Details, die vor allem bei der Verwendung von großen Schriftgraden sichtbar werden. Manche Expertensätze enthalten noch alternative Figurenverzeichnisse der gleichen Schriftstilvariante. Expertensätze ermöglichen komplizierte, wissenschaftliche Satzarbeiten genauso wie Gedichtsatz oder anspruchsvolle Gestaltungen mit ansprechenden Schriftmischungen.

Schriftsippe

Mehrere Schriftfamilien mit unterschiedlichen Klassifikationsmerkmalen werden in Schriftsippen zusammengefasst.

Eine Schriftsippe kann Schriften aus verschiedenen Schriftklassen mit gleichen Merkmalen enthalten. Dies können grafische Merkmale wie Buchstabenaufbau, -form, -relationen, -breite, Laufweite, Strichstärken, Dickten und Grauwerte sein. Schriftsippen umfassen meist Antiqua-, Grotesk- und/oder Egyptienne-Schriften mit unterschiedlichen Schriftstilen, die aus typografisch gleichartigen Grundformen entwickelt wurden und deren Buchstaben ähnliche Proportionen aufweisen.
Vorteile solcher Schriftsippen:

- Mittellängen und Versalhöhen sind weitgehend gleich.
- Auszeichnungen und harmonische Schriftmischungen sind leicht möglich.
- Harmonischen Eigenschaften werden für komplexe Typografielösungen im Bereich der Kommunikation genutzt.

Beispiel DB-Type

Für einen geschlossenen Auftritt des Unternehmens ist die Schrift – neben Farbe, Bildsprache, Typografie und dem Markenzeichen – einer der fünf Hauptdarsteller. Gerade weil Schrift größtenteils unbewusst wahrgenommen wird, ist sie unerlässlich, um vor allem die emotionalen Werte eines Konzerns wie der Deutschen Bahn zu kommunizieren und einen hohen Wiedererkennungswert zu erzeugen.

Eine exklusive Hausschrift ist nicht nur der Marke eigen, sie kann auch speziell auf die technischen und kommunikativen Aufgaben des Unternehmens zugeschnitten werden. Diese Aufgaben sind bei der Bahn so vielfältig wie sonst selten. Vom Formular und Fahrplan über Zeitungen und Zeitschriften bis zu Werbung und Leitsystem muss die Schrift nicht nur sympathisch für die Marke stehen. Sie hat auch ganz spezifische Aufgaben zu lösen, soll überall zur Verfügung stehen und so gut ausgebaut sein, dass es keine Entschuldigungen geben kann, die DB-Type in irgendeiner Variante nicht einzusetzen.

Die Schriftsippe DB-Type ist ein Schriftsystem, das alle nötigen Schriftarten aus einem Formrepertoire entwickelt, den einzelnen Schrifttypen aber genügend formale Eigenständigkeit lässt. So entsteht Selbstähnlichkeit über Medien und Zielgruppen hinweg, aber keine Uniformität. Die Abbildung auf dieser Seite zeigt die Schriftsippe und die gedachten Verwendungen der einzelnen Schriften in der Darstellungspraxis der Deutschen Bahn.

Die Schriften des Systems sind mit den branchenüblichen Namen bezeichnet: Sans steht für serifenlose Schriften, Condensed sind die schmalen Schnitte und Compressed die engen Schriftschnitte. Die Antiquaschriften heißen Serif und News, DB Head ist die Version für Überschriften und kurze Werbezeilen. Zu den Schriften DB Sans und DB Head gibt es zusätzliche Alternate-Versionen mit unterschnittenen Ziffern und alternativen Zeichenformen. Für die beiden Antiquafamilien stehen Tabellenziffern z. B. für Fahrpläne zur Verfügung. (Aus: „DB-Type – Eine Übersicht über die neuen Schriften der Bahn" von Mobility Networks Logistics September 2005.)

Schriftsippe DB-Type

DB Type **DB Sans**

Regular, *Italic*, **Bold**, ***Bold Italic***, **Black**, ***Black Italic***

DB Type **DB Head**

Light, *Light Italic*, Regular, *Italic*, **Black**, ***Black Italic***

DB Type **DB Sans Condensed**

Regular, *Italic*, **Bold**, ***Bold Italic***, **Black**, ***Black Italic***

DB Type **DB Sans Compressed**

Regular, *Italic*, **Bold**, ***Bold Italic***, **Black**, ***Black Italic***

DB Type **DB Serif**

Regular, *Italic*, **Bold**, ***Bold Italic***, SMALL CAPS

DB Type **DB News**

Regular, *Italic*, **Bold**, ***Bold Italic***, SMALL CAPS

2.6 Schriftunterscheidung

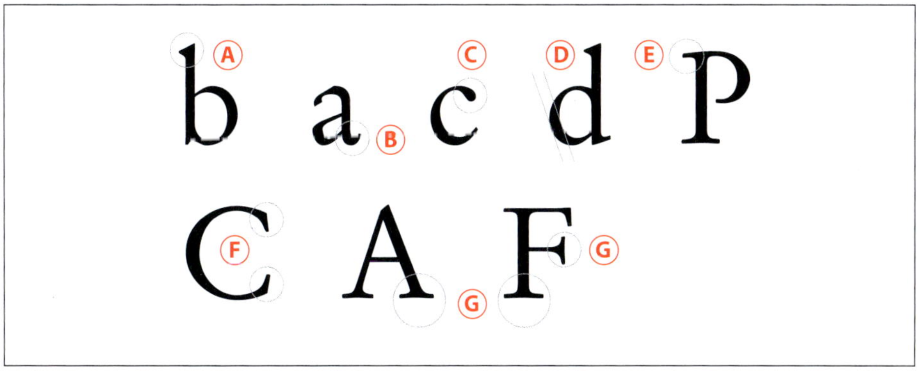

Unterscheidungs-merkmale

- A Anstrich
- B Abstrich
- C Auslaufpunkt
- D Druck in den Rundungen
- E Einseitige Serifen an Grundstrichen
- F Einseitige Serifen an Haarstrichen („Flammen")
- G Doppelte Serifen an Grund- und Haarstrichen

Sicherheit im Umgang mit der Vielzahl vorhandener Schriften setzt Schriftkenntnisse voraus. Ein Schriftlaie kann bei einigen Schriften sicher kaum Unterschiede feststellen. Allerdings gibt u. a. die Form der An- und Abstriche, der Auslaufpunkte, des Serifenansatzes und die Art der Serifen Hinweise auf die Schriftherkunft.

Merkmale zur Schriftunterscheidung
In der Abbildung oben wird am Beispiel der Schrift „Garamond" gezeigt, welche Schriftmerkmale für eine erfolgreiche Schriftbestimmung zu betrachten sind.

Die genannten Merkmale geben dem Schriftbetrachter Hinweise auf die Zugehörigkeit zu einer Schriftgruppe. Die Formen der Merkmale ändern sich von Schriftgruppe zu Schriftgruppe, zum Teil sogar erheblich. Innerhalb einer Schriftgruppe sind die Unterschiede in der Regel nicht so gravierend. Alle Anstriche, Abstriche, Auslaufpunkte usw., die in einer Schriftgruppe vorkommen, haben die gleiche Form. Daran ist die Zugehörigkeit von Buchstaben zu einer Schriftgruppe gut erkennbar.

Die Abbildung rechts zeigt weitere Unterscheidungsmerkmale von Schriften, wie Strichdickenunterschiede oder charakteristische Buchstabenformen.

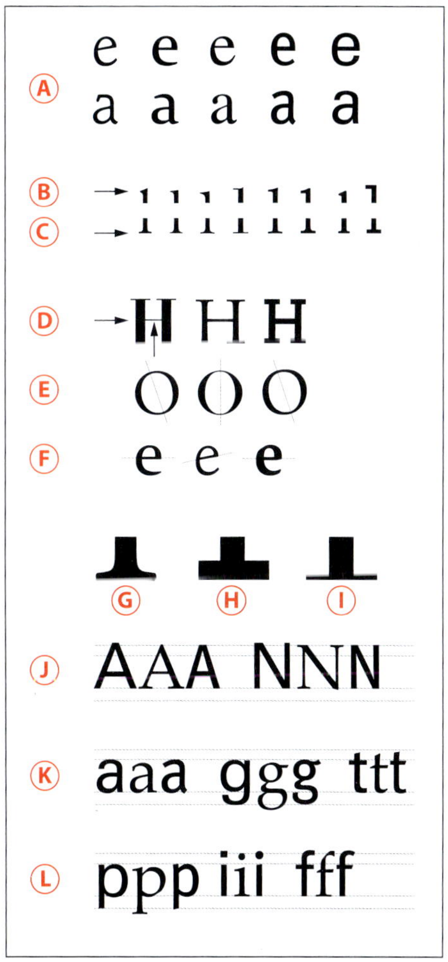

Weitere Unterscheidungsmerkmale

- A Das kleine „e" und das kleine „a"
- B Dachansatz
- C Serifen
- D Unterschiede bei Grund- und Haarstrich
- E Symmetrieachse
- F Querstrich des kleinen „e"

Serifenarten

- G Runde/gekehlte Serife
- H Betonte Serife
- I Rechtwinklige/waagrechte Serife

Unterschiede bei der Schriftbildgröße (Schriftlinie ist immer Bezugsgröße)

Reihenfolge immer: Univers, Palatino, Meta:

- J Verschiedene Versalhöhen bei gleichem Schriftgrad
- K Unterschiedliche Ober-, Mittel- und Unterlängen
- L Oberlängen gehen zum Teil über die Versalhöhe hinaus.

2.7 Schriftklassifikation nach DIN 16518

Klassifizierungssysteme

Die Klassifikation der Druckschriften nach der DIN 16518 aus dem Jahr 1964 ist in Deutschland das bekannteste und gebräuchliche Klassifizierungssystem für Schriftarten.

Seit der DIN 16518 von 1964 wurden viele Versuche unternommen, ein einfacheres, zeitgemäßeres und leichter handhabbares Klassifizierungssystem zu entwerfen. Ab Seite 32 werden folgende, andere Ordnungssysteme vorgestellt:

- Klassifizierungsentwurf von 1998
- Ordnungssystem nach Willberg
- Schriftklassifikation nach Beinert

Bislang hat sich kein anderes Ordnungssystem wirklich durchgesetzt. Eine Überarbeitung der Norm ist in Arbeit, eine Einigung der Experten über eine Neufassung ist jedoch aktuell noch nicht absehbar.

Schriftgruppen

Die DIN 16518 legt elf Schriftgruppen fest. Die ersten sechs Schriftgruppen (I bis VI) orientieren sich in ihrer Reihenfolge an der Entstehungsgeschichte der Schriftarten:

- Venezianische Renaissance-Antiqua
- Französische Renaissance-Antiqua
- Barock-Antiqua
- Klassizistische Antiqua
- Serifenbetonte Linear-Antiqua
- Serifenlose Linear-Antiqua

Die Gruppen VII bis XI beinhalten die Schriften, die aus formalen oder stilistischen Gründen nicht in die vorangegangenen Gruppen eingeordnet werden können:

- Antiqua-Varianten
- Schreibschriften
- Handschriftliche Antiqua
- Gebrochene Schriften
- Fremde Schriften

Unterscheidung der Schriftgruppen

Zur besseren Unterscheidbarkeit der verschiedenen Antiquaschriften beinhaltet die obere Tabelle auf der rechten Seite die wichtigsten Unterschiede der Klassen I bis VI. Die Unterschiede bei den gebrochenen Schriften (Gruppe Xa bis Xe) können der unteren Tabelle auf der rechten Seite entnommen werden.

Kritikpunkte

Das Klassifizierungssystem wird oft kritisiert, weil es sehr kompliziert sei und als veraltet angesehen wird. Beispiele für Kritikpunkte:

- Der Begriff „Barock-Antiqua" existiert international nicht. Im Englischen werden diese Schriften als Übergangstypen von einer Epoche zur nächsten bezeichnet. Daher müssten sie eigentlich als „Vorklassizistische Antiqua" bezeichnet werden.
- Die Bezeichnung „Handschriftliche Antiqua" ist ein Widerspruch in sich, da eine Schrift entweder eine Handschrift ist oder eine Antiqua, also eine Druckschrift römischen Ursprungs.
- Die DIN 16518 ist hauptsächlich für Druckschriften anwendbar, für die digitale Typografie ist sie nicht mehr geeignet, da es u. a. heute zunehmend Symbol- und Bildschirmschriften gibt.
- Besonders neuere Schriftentwicklungen lassen sich durch die DIN 16518 nicht sinnvoll strukturieren, da fast alle Neuentwicklungen der Gruppe VI zuzuordnen sind.
- Die Gruppe XI „Fremde Schriften" ist international nicht übertragbar.

Unterscheidungshilfe bei Antiquaschriften (Gruppe I bis VI)

Gruppe	Serifen	Anstrich	Symmetrieachse	Strichkontrast	Querstrich „e"	Beispiel
I: Venezianische Renaissance-Antiqua	gerundet	schräg	nach links geneigt	gering	schräg	elno
II: Französische Renaissance-Antiqua	leicht gerundet	schräg	nach links geneigt	gering	waagrecht	elno
III: Barock-Antiqua	waagrecht	schräg	leicht nach links geneigt	stark	waagrecht	elno
IV: Klassizistische Antiqua	waagrecht	waagrecht	senkrecht	sehr stark	waagrecht	elno
V: Serifenbetonte Linear-Antiqua	betont	waagrecht	senkrecht	gering	waagrecht	elno
VI: Serifenlose Linear-Antiqua	nicht vorhanden	nicht vorhanden	senkrecht	sehr gering	waagrecht	elno

Unterscheidungshilfe bei gebrochenen Schriften (Gruppe Xa bis Xe)

Gruppe	An- und Abstrich	Rundungen	Schriftbild	Besonderheiten	Beispiel
Xa: Gotisch	vorwiegend würfelförmig	nur bei Versalien, sonst gebrochen	stark betonte Senkrechte	gitterartiger Eindruck, verzierte Versalien	Typografie
Xb: Rundgotisch	eckig, aber meist nicht würfelförmig	wenig gebrochen	breite Wirkung	„moderner" Eindruck	Typografie
Xc: Schwabacher	eckig, aber meist nicht würfelförmig	teils vorhanden, teils mit Spitzen gebrochen	breite Wirkung	ausgeprägter oberster Querstrich beim „g"	Typografie
Xd: Fraktur	vorwiegend würfelförmig	wenig vorhanden, meist gebrochen	etwas betonte Senkrechte	ausgeprägte Rüsselschwünge bei Versalien	Typografie
Xe: Fraktur-Varianten	Alle gebrochenen Schriften, auf die die obigen Merkmale nicht zutreffen.				Typografie

Schriftgruppen nach DIN 16 518 – Gruppe I bis IV

Gruppe I: Venezianische Renaissance-Antiqua

Anstrich:	schräg
Serifen:	gerundet
Symmetrieachse:	nach links geneigt
Strichkontrast:	gering
Querstrich „e“:	schräg

abcdefghijklmnopqrstuv
ABCDEFGHIJKLMNOPQ

Stempel Schneidler

Gruppe II: Französische Renaissance-Antiqua

Anstrich:	schräg
Serifen:	leicht gerundet
Symmetrieachse:	nach links geneigt
Strichkontrast:	gering
Querstrich „e“:	waagrecht

abcdefghijklmnopqrstu
ABCDEFGHIJKLMN

Palatino

Gruppe III: Barock-Antiqua

Anstrich:	schräg
Serifen:	waagrecht
Symmetrieachse:	fast senkrecht
Strichkontrast:	stark
Querstrich „e“:	waagrecht

abcdefghijklmnopqrstuvw
ABCDEFGHIJKLMNOPQ

Times

Gruppe IV: Klassizistische Antiqua

Anstrich:	waagrecht
Serifen:	waagrecht
Symmetrieachse:	senkrecht
Strichkontrast:	sehr stark
Querstrich „e“:	waagrecht

abcdefghijklmnopqrst
ABCDEFGHIJKLMNOP

Walbaum

Schriftgruppen nach DIN 16 518 – Gruppe V und VI

Gruppe V: Serifenbetonte Linear-Antiqua

Untergruppe: Egyptienne

Anstrich:	waagrecht
Serifen:	stark betont
Symmetrieachse:	senkrecht
Strichkontrast:	keiner/sehr gering

abcdefghijklmnopqrst

ABCDEFGHIJKLMNOP

Egyptienne

Untergruppe: Antiqua Egyptienne

Anstrich:	waagrecht
Serifen:	gerundet
Symmetrieachse:	senkrecht
Strichkontrast:	gering

abcdefghijklmnopqrst

ABCDEFGHIJKLMNO

Clarendon

Untergruppe: Italienne

Anstrich:	waagrecht
Serifen:	überbetont
Symmetrieachse:	senkrecht
Strichkontrast:	nur gegenüber Serifen

abcdefghijklmnopqrstuvwxyzäöü?!;-)

ABCDEFGHIJKLMNOPQRSTUVWXYZÄÖÜ?!;-)

Wanted

Gruppe VI: Serifenlose Linear-Antiqua

Anstrich:	nicht vorhanden
Serifen:	keine
Symmetrieachse:	senkrecht
Strichkontrast:	keiner/sehr gering

abcdefghijklmnopqrst

ABCDEFGHIJKLMNOP

Univers

Schriftgruppen nach DIN 16 518 – Gruppe VII und VIII

Gruppe VII: Antiqua-Varianten

Untergruppe: Versalschriften, Unzialschriften

ABCDEFGHIJKLMNOPQ

Capitals

Untergruppe: Lichte Schnitte, nur Konturen

ABCDEFGHIJKLMNOPQRSTUV

Desdemona

Untergruppe: Umstochene Schnitte, nur Konturen

ABCDEFGHIJKLMNOPQ

Pompeia

Untergruppe: Schattierte Schnitte, Schattenwirkung

ABCDEFGHIJKLMNOPQRS

Rosewood

Untergruppe: Schraffierte Schnitte, unterschiedliche Schraffierungen

ABCDEFGHIJKLMNOP

Jokerman

Gruppe VIII: Schreibschriften

Untergruppe: Wechselzugschrift (dicke und dünne Strichstärken wechseln abhängig von der Schreibrichtung)

ABCDCFabcdefghijklmnopqrstuv

Edwardian Script

Untergruppe: Schwellzugschrift (dicke und dünne Strichstärken wechseln unabhängig von der Schreibrichtung)

ABCDCFabcdefghijklmnop

Kuenstler Script

Untergruppe: Schnurzugschrift (relativ gleichmäßige, dünne Strichstärken)

ABCDCFabcdefghijklmnopqrstuvwxy

Caflisch Script

Untergruppe: Bandzugschrift (relativ gleichmäßige, dicke Strichstärken)

ABCDCFabcdefghijklmnopqrstuv

Brush Script

Schriftgruppen nach DIN 16 518 – Gruppe IX bis Xa

Gruppe IX: Handschriftliche Antiqua

Kennzeichen:	Handschriftcharakter (eher unregelmäßiges Schriftbild)

abcdefghijklmnopqrstuvwxyz
ABCDEFGHIJKLMNOP

Bello

abcdefghijklmnopq
ABCDEFGHIJKLMNO

Lucida Handwriting

abcdefghijklmnopqr
ABCDEFGHIJKLMNO

Segoe Script

abcdefghijklmnopqrstuv
ABCDEFGHIJKLMNOPQ

Bradley Hand

Gruppe Xa: Gebrochene Schriften

Untergruppe: Gotisch

Anstrich/Abstrich:	Würfelform
Rundungen:	nur bei Versalien, sonst gebrochen
Besonderheiten:	gitterartiger Eindruck, verzierte Versalien

abcdefghijklmnopqrſtuvwxyzäöü?!;-)
ABCDEFGHIJKLMNOPQ

Wilhelm Klingspor Gotisch

Schriftgruppen nach DIN 16 518 – Gruppe X

Gruppe Xb: Gebrochene Schriften
Untergruppe: Rundgotisch

Anstrich bzw. Abstrich:	keine Würfelform
Rundungen:	wenig gebrochen
Besonderheiten:	„moderner" Eindruck

abcdefghijklmnopqrstuvwxyz
ABCDEFGHIJKLMNOPQR

Weiss Rundgotisch

Gruppe Xc: Gebrochene Schriften
Untergruppe: Schwabacher

Anstrich bzw. Abstrich:	keine Würfelform
Rundungen:	teils vorhanden, teils mit Spitzen gebrochen
Besonderheiten:	ausgeprägter oberster Querstrich beim „g"

abcdefghijklmnopqrstuvwxyz?!
ABCDEFGHIJKLMN

Schwabacher

Gruppe Xd: Gebrochene Schriften
Untergruppe: Fraktur

Anstrich bzw. Abstrich:	leichte Würfelform
Rundungen:	wenig vorhanden, meist gebrochen
Besonderheiten:	ausgeprägte Rüsselschwünge bei Versalien

abcdefghijklmnopqrstuv
ABCDEFGHIJKLMN

Fette Fraktur

Gruppe Xe: Gebrochene Schriften
Untergruppe: Fraktur-Varianten

Alle gebrochenen Schriften, die nicht bei den anderen Gruppen eingeordnet werden können.

abcdefghijklmnopqrstuvwxyz
ABCDEFGHIJKLMNO

Duc De Berry

Schriftgruppen nach DIN 16 518 – Gruppe XI

Gruppe XI: Fremde Schriften

Alle nicht lateinischen Schriften wie Arabisch, Chinesisch, Japanisch, Kyrillisch, Sanskrit und andere

どなにぬねのはばぱひ
ぴふぶぷへべぺぼ

Japanisch

咲苒[illegible]釋[illegible]薄伢井丽
卅匋匚句尋叨又华

Chinesisch

م ك ف ع ش ط س ر ذ خ د ج ت ة ب ا ى ء إ ؤ
ڤ ا گ ظ ح ى چ د ص ف ع م ى و ا ل

Arabisch

ן מ ם ל כ ך י ט ח ז ו ה ד ג ב א
׳ וו ת ש ר ק צ ץ פ ף ע ס נ

Hebräisch

2.8 Andere Ordnungssysteme

2.8.1 Klassifizierungsentwurf 1998

Neben der im vorherigen Abschnitt vorgestellten Klassifikation der Druckschriften nach der DIN 16 518 aus dem Jahr 1964 gibt es noch eine Reihe von Versuchen, Schriften etwas übersichtlicher, einfacher und damit praxisgerechter zu ordnen.

Ein bekannter Entwurf ist der Versuch, die DIN 16 518 aus dem Jahr 1964 praktikabler und in weniger Gruppen aufzubauen. Dies ist vom Prinzip her gelungen, wurde allerdings vom Normenausschuss nicht in Kraft gesetzt.

In der allgemeinen Diskussion um die Klassifikation der Schriften muss dem Normentwurf durchaus seine Berechtigung eingeräumt werden. In vielen Bildungseinrichtungen wird diesem Klassifikationsentwurf mit Recht der Vorzug vor der „alten" Klassifikation gegeben, da er praktikabler, insgesamt sinnvoller und auch erweiterbar aufgebaut ist.

Das Deutsche Institut für Normung in Berlin legte mit dem Normentwurf DIN 16 518 „Klassifikation der Schriften" eine Überarbeitung der seit 1964 bestehenden und bis heute gültigen DIN-Norm vor. Der Klassifizierungsentwurf (Ausgabe 1998) wurde der Fachwelt zur Stellungnahme bis zum 31. Dezember 1998 vorgelegt, wurde zurückgezogen und ist bis heute nicht verabschiedet.

Der Entwurf klassifiziert die europäischen Schriften in eine Matrix mit fünf Hauptgruppen und entsprechende Untergruppen:

- Gruppe 1: Gebrochene Schriften
- Gruppe 2: Römische Serifen-Schriften
- Gruppe 3: Lineare Schriften
- Gruppe 4: Serifenbetonte Schriften
- Gruppe 5: Geschriebene Schriften

Die Untergruppen Gotisch, Rundgotisch usw. beruhen auf stilistischen Merkmalen der Schriften. Es könnten sich im Prinzip eine unbegrenzte Anzahl von Untergruppen ergeben, wenn entsprechende Stilmerkmale sinnvoll zur Erweiterung gefunden werden. Im Umkehrschluss sind aber auch weniger Untergruppen denkbar. Dies ist am Beispiel der Gruppe 4 *Serifenbetonte Schriften* erkennbar. Hier wurden nur die fünf Untergruppen Egyptienne, Clarendon, Italienne, Varianten und Dekorative gebildet.

Die Gruppe der gebrochenen Schriften umfasst die Hauptschriften der alten Norm von 1964.

Die Römischen Schriften fassen die Antiquaschriften der Gruppen I bis IV und die Gruppe VI der Klassifikation von 1964 sinnvoll zusammen. Hier sind die Schriften römischen Ursprungs zusammengeführt.

In der Gruppe 3 *Lineare Schriften* werden Schriften ohne Serifen zusammengefasst. Die Gruppe 4 bildet hier sozusagen das stilistische Gegenstück: Hier sind alle Schriften mit ausgeprägten Serifenformen in eine Gruppe eingeordnet.

In die Gruppe 5 *Geschriebene Schriften* sind hier alle Schriften der Gruppen VIII und IX der Schriftklassifikation von 1964 eingeordnet.

Insgesamt ist der Entwurf als Versuch zu werten, die sehr historisch aufgebaute Schriftklassifikation von 1964 aus der Bleisatzzeit in die Zeit des Electronic Publishing zu überführen. Trotz der deutlichen Zuordnungsvereinfachungen z. B. bei den Römischen Schriften sind in dieser Klassifikation die Schriften der internationalen Datenkommunikation schwer einzuordnen.

Das rechts dargestellte Ordnungssystem orientiert sich am nicht gültigen, aber durchaus verwendeten Klassifizierungsentwurf aus dem Jahr 1998.

Klassifizierungsentwurf 1998

Gruppe 1: Gebrochene Schriften	**Gruppe 2: Römische Schriften**	**Gruppe 3: Lineare Schriften**	**Gruppe 4: Serifenbetonte Schriften**	**Gruppe 5: Geschriebene Schriften**
Gotisch Hamburgo *Wilhelm Klingspor*	Renaissance-Antiqua Hamburgo *Garamond*	Grotesk Hamburgo *Helvetica*	Egyptienne Hamburgo *Rockwell*	Flachfederschrift Hamburgo *Zapf Chancery*
Rundgotisch Hamburgo *Weiss Rundgotisch*	Barock-Antiqua Hamburgo *Times*	Anglo-Grotesk Hamburgo *News Gothic*	Clarendon Hamburgo *Clarendon*	Spitzfederschrift Hamburgo *Edwardian Script*
Schwabacher Hamburgo *Schwabacher*	Klassizistische Antiqua Hamburgo *Bauer Bodoni*	Konstruierte Grotesk Hamburgo *Futura*	Italienne Hamburgo *Old Town*	Rundfederschrift Hamburgo *Lat. Ausgangsschrift*
Fraktur Hamburgo *Fette Fraktur*		Geschriebene Grotesk Hamburgo *Optima*		Pinselzugschrift Hamburgo *Brush Script*
Varianten Hamburgo *American Text*	Varianten Hamburgo *Stone Informal*	Varianten Hamburgo *Antique Olive*	Varianten Hamburgo *Melior*	Varianten Hamburgo *Bradley Hand*
Dekorative Hamburgo *Duc De Berry*	Dekorative Hamburgo *Arnold Boecklin*	Dekorative Hamburgo *Goudy Sans*	Dekorative HAMBURGO *Thunderbird*	Dekorative Hamburgo *Daniel Black*

Hans Peter Willberg

Typograf, Illustrator, Buchgestalter, Lehrer und Fachautor. Er gilt als einer der bedeutendsten deutschen Buchgestalter der Nachkriegszeit.

2.8.2 Ordnungssystem nach Willberg

Eine weitere, interessante und praktikable Klassifizierung wurde vom Typografen Hans Peter Willberg erdacht.

Dessen Ordnungssystem orientiert sich im Wesentlichen an den zentralen Kennzeichen einer Schrift und drängt traditionelle, historische Ordnungssysteme wie die DIN-Klassifizierung in den Hintergrund. Besonders weniger geübte Schriftanwender kommen mit den verständlicheren Begriffen zur systematischen Gliederung der Schriften besser klar.

Die Einteilung erfolgt in fünf Stilgruppen mit bis zu sechs Formvarianten. Die Formvarianten zeigen die Ausprägung der Schrift, ob Serifen vorhanden sind und wie der Strichkontrast (deutlich bzw. gering) angelegt wurde.

Die erste Gruppe vereint die Schriften nach dem dynamischen Formprinzip, also organisch gewachsene Schriften, die geeignet sind für große Textmengen und dafür eine gute Lesbarkeit aufweisen. Folgende Eigenschaften zeichnen diese Schriften aus:

- horizontale Ausrichtung
- gute Zeilenführung
- leicht bewegte Wortbilder
- Breitfeder noch leicht erkennber

Beispiele für diese Gruppe: Palatino, Optima, Gill Sans.

Die Schriften der nächsten Gruppe sind dem statischen Formprinzip unterworfen. Diese klassizistischen Schriften eignen sich aufgrund des starken Kontrastes in der Strichführung nicht so gut für den Mengensatz. Grauwirkung und Lesbarkeit sind für größere Textmengen ungeeignet. Charakteristisch für diese Schriften sind:

- vertikale Ausrichtung
- geschlossene Einzelformen
- angeglichene Proportionen
- Spitzfeder noch leicht erkennbar

Beispiele für diese Gruppe: Bodoni, Rotis, Helvetica.

Eine weitere Gruppe beinhaltet Schriften nach dem geometrischen Formprinzip, also mit einer konstruierten Wirkung. Für sie sind folgende Eigenschaften typisch:

- konstruierte Formen
- O und andere Buchstaben sind optisch zirkelrund

Typische Vertreter dieser Gruppe sind: Futura, Memphis, Tekton.

Dekorative und provozierende Schriften bilden die zwei verbleibenden Gruppen. Schriften dieser Gruppen sind in Headlines, bei Werbebannern oder Anzeigen anzutreffen, da große Textmengen schwer lesbar sind. Hier finden sich kreative Schriftschnitte aus den unterschiedlichsten Stilrichtungen wieder. Sie zeichnen sich durch folgende Eigenschaften aus:

- auffällige Formgebung
- schmückender Charakter
- nur für einzelne Wörter oder kurze Passagen geeignet

Beispiele für diese Gruppe: Stencil, Sergoe, Peignot.

Möchte man zwei Schriften mischen, kann man Schriften gleichen Stils mit unterschiedlichen Formvarianten in der Regel gefahrlos kombinieren, also z. B. verschiedene dynamische oder statische Schriften, hier zwei Beispiele:

Überschrift in Optima

Fließtext in der Schriftart Palatino, Schriftschnitt Regular.

Überschrift in Glypha

Fließtext in der Schriftart Rotis SansSerif, Schriftschnitt Regular.

Ordnungssystem für Schriften nach Willberg

Stil: Dynamisch Humanistisches Formprinzip *„Wanderer"*	**Stil: Statisch** Klassizistisches Formprinzip *„Soldaten"*	**Stil: Geometrisch** Konstruierte Formen *„Roboter"*	**Stil: Dekorativ** Display *„Dandys"*	**Stil: Provozierend** Display *"Freaks"*
Antiqua *Strichstärkenkontrast, Serifen* Hamburgo Palatino	**Antiqua** *Strichstärkenkontrast, Serifen* Hamburgo Bodoni		**Antiqua** *Strichstärkenkontrast, Serifen* HAMBURGO Stencil	**Antiqua** *Strichstärkenkontrast, Serifen* Hamburgo Old Town
Antiqua-Varianten *Strichstärkenkontrast, keine Serifen* Hamburgo Optima	**Antiqua-Varianten** *Strichstärkenkontrast, keine Serifen* Hamburgo Rotis SansSerif		**Antiqua-Varianten** *Strichstärkenkontrast, keine Serifen* Hamburgo Broadway	**Antiqua-Varianten** *Strichstärkenkontrast, keine Serifen* Hamburgo Freddo
Grotesk *Gleichmäßige Strichstärken, serifenlos* Hamburgo Gill Sans	**Grotesk** *Gleichmäßige Strichstärken, serifenlos* Hamburgo Helvetica	**Grotesk** *Gleichmäßige Strichstärken, serifenlos* Hamburgo Futura	**Grotesk** *Gleichmäßige Strichstärken, serifenlos* Hamburgo AvantGarde	**Grotesk** *Gleichmäßige Strichstärken, serifenlos* Hamburgo 01-01-00
Egyptienne *Gleichmäßige Strichstärken, kräftige Serifen* Hamburgo Caecilia	**Egyptienne** *Gleichmäßige Strichstärken, kräftige Serifen* Hamburgo Glypha	**Egyptienne** *Gleichmäßige Strichstärken, kräftige Serifen* Hamburgo Rockwell	**Egyptienne** *Gleichmäßige Strichstärken, kräftige Serifen* HAMBURGO Rosewood	**Egyptienne** *Gleichmäßige Strichstärken, kräftige Serifen* HAMBURGO Wicked
Schreibschriften Hamburgo Zapf Chancery	**Schreibschriften** Hamburgo Künstler Script		**Schreibschriften** Hamburgo Choc	**Schreibschriften** Hamburgo Lussira Brush Script
Fremde Schriften ελληνικά Times	**Fremde Schriften** ελληνικά Helvetica	**Fremde Schriften** ελληνικά Eurostile	**Fremde Schriften** ελληνικά Segoe Print	**Fremde Schriften** ΕΛΛΗΝΙΚΆ Capture it

Wolfgang Beinert
Grafikdesigner und Typograf. Er wird zu den wichtigsten europäischen Grafikdesignern gezählt. Wolfgang Beinert geht in vielen Beiträgen durchaus kritisch mit der Werbe- und Designbranche um.
Er lebt, arbeitet und lehrt in Berlin und ist dort seit 2002 Herausgeber eines Typografieportals:
www.typolexikon.de

2.8.3 Schriftklassifikation nach Beinert

Das Modell von Beinert ist von allen bekannten Ordnungssystemen für Schriften das weitgehendste und in seiner Modernität sicherlich der attraktivste Entwurf.

Der Entwurf ist ein Klassifikationsmodell für Electronic Publishing, es wurde 2001 erarbeitet und 2016 aktualisiert. Es bezieht nicht nur die klassischen deutschen Druckschriften in die Klassifizierung mit ein, sondern der Fokus wird auf westeuropäische Schriften, Bildschirmschriften und Zeichen gelegt. Es werden westeuropäische Druck- und Screen-Schriften sowie Bildzeichen in eine Matrix von neun Hauptgruppen gegliedert. Wobei der Begriff der westeuropäischen Schriften nicht zu eng ausgelegt werden darf – außereuropäische Schriften sind hier auch willkommen – siehe Amerikanische Grotesk in Gruppe 3.

In die Hauptgruppen 1 bis 6 gehören die Antiquaschriften, also die rundbogigen Druck- und Screen-Schriften römischen Ursprungs, und zwar immer mit und ohne Serifen. Abgesehen von „Gebrochenen Schriften", „Nichtrömischen Schriften" und „Bildzeichen", gehören alle westeuropäischen Schriftarten römischen Ursprungs zu dieser Schriftgattung.

Eine eigene Gruppierung weist die Gruppe 7 „Gebrochene Schriften" auf. Hier sind die weitgehend als deutsche Schriften verstandenen Schriften zusammengefasst. Die Gruppe 8 umfasst alle „Nichtrömischen Schriften". Dies entspricht der Gruppe XI aus der DIN 16 518 „Fremde Schriften" von 1964.

Völlig nachvollziehbar und folgerichtig ist die Schaffung der Gruppe 9 „Bildzeichen". Die Vielzahl der verschiedenen, technologisch als Schriftzeichen aufbereiteten Fonts verlangt hier nach einer derartigen Gruppe, um diesen „Zeichen" eine Klassifizierungszuordnung zu ermöglichen, sie auch wahrzunehmen und in die Kategorie Schrift einzubinden – wo sie technologisch auch beheimatet sind.

Neben der Einteilung in die neun Hauptgruppen unterscheidet Beinert noch nach einer Reihe von untergeordneten Klassifizierungsmerkmalen. Diese sehr tief gehende Systematik wird hier an der Klassizistischen Antiqua *Bauer Bodoni Roman* von Linotype beispielhaft dargestellt:

Bauer Bodoni Roman

- Schriftgattung: Antiquaschriften
- Hauptschriftgruppe: Antiqua (Serif)
- Schriftuntergruppe (Schriftart): Klassizistische Antiqua
- Schriftnebengruppe: Bodoni-Varianten
- Schriftbezeichnung: Bauer Bodoni
- Schriftschnitt (Schriftstil): Roman
- Schriftgestaltung Original: Giambattista Bodoni, 1790
- Schriftgießerei Orginal: Stamperia reale, Parma
- Schriftgestaltung Remake: Heinrich Jost und Lois Höll, 1926/1927
- Schriftgießerei Remake: Bauersche Gießerei
- Lizenzgeber: Bauer Types S.A.
- Vertrieb: Linotype
- Figurenverzeichnis: W2G, 2013, 420 Characters
- Tastaturcodierung: Unicode
- Technologie: OpenType, CFF, PostScript 1
- File Name: BauerBodoniStd-Roman.otf
- Windows-Menüname: Bauer Bodoni Std
- PostScript-Name: BauerBodoniStd-Roman
- Langer PostScript-Name: BauerBodoniStd-Roman
- Katalognummer: 16740074
- Stand: 1.2015

Haupt- und Untergruppen der Matrix Beinert

1. Antiqua

Rundbogige Antiqua-Druckschriften römischen Ursprungs mit Serifen (*Slab Serif*)
Klassizistische Antiqua, Französische Renaissance-Antiqua, Venezianische Renaissance-Antiqua, Vorklassizistische Antiqua

2. Egyptienne

Rundbogige Antiqua-Druckschriften römischen Ursprungs mit betonten Serifen (*Slab Serif*)
Clarendon, Egyptienne, Egyptienne-Varianten, Italienne, Schreibmaschine, Zeitungsegyptienne

3. Grotesk

Rundbogige Antiqua-Druckschriften römischen Ursprungs ohne Serifen (*Sans Serif*)
Ältere Grotesk, Amerikanische Grotesk, Jüngere Grotesk, Konstruierte Grotesk

4. Zierschriften

Rundbogige Antiqua-Druckschriftvarianten römischen Ursprungs mit und ohne Serifen (*Display*)
Decorative Hypride, Decorative Sans Serif, Decorative Serif, Decorative Slab Serif, Display Art Deco, Display Collage, Display Gravur, Display Schablonen, Display Stempel, Script Fantasie, Script Feder, Script Marker, Script Pinsel, Script Schönschreiben, Script Stift

5. Screen Fonts

Bildschirm-, Netz-, Pixel- und Systemschriften
App Font Sans Serif, App Font Serif, App Font Slab Serif, Pixel Font Screen, Pixel Font Motion, System Font Button/Pictogram, System Font Sans Serif, System Font Serif, System Font Slab Serif, Web Font Button/Pictogram, Web Font Display, Web Font Sans Serif, Web Font Serif, Web Font Slab Serif

6. Corporate Fonts

Expertensätze, Haus- und Unternehmensschriften, DIN/ISO/OCR-Schriften, Schriftsippen und dicktengleiche Schrift- und Ziffernschnitte
DIN-, ISO- und OCR-Schriften, Expertensätze, Haus- und Unternehmensschriften, Monospaced Fonts/Digits, Schriftsippen

7. Gebrochene Schriften

Frakturschriften gotischen Ursprungs (*Blackletter*)
Fraktur, Fraktur-Varianten, Rotunda, Schwabacher, Textura

8. Nichtrömische Schriften

Geogruppen nichtlateinischer Schriften (*Non-latin*)
Arabisch, Asiatisch, Griechisch, Hebräisch, Kyrillisch, sonstige Schriften

9. Bildzeichen

Piktogramme, Buttons, Logos und Illustrationen (*Symbol*)
Astrologie, Codes, Illustrationen, Logos, Mathematik, Musik, Naturwissenschaft, Ornamente und Zierrat, Piktogramme, Spiel

2.9 Aufgaben

1 Schriftbenennungen verstehen

Erläutern Sie folgende Fachbegriffe:
a. Vorbreite

b. Versalhöhe

c. Punzen

d. Dickte

e. Haarstrich

f. Zeichenbreite

2 Schriftbenennungen erklären

Erklären Sie folgende Begriffe:
a. Versalien

b. Gemeine

c. Ligaturen

d. Kapitälchen

3 Ziffern und Zeichen anwenden

Erläutern Sie die folgenden Begriffe:
a. Mediävalziffern

b. Halbgeviertziffern

c. Normalziffern

4 Ziffern und Zeichen anwenden

Welche Bedeutung haben die folgenden römischen Zahlen:
a. DCCXXXVIII

b. MMCDLXVIII

c. MMXIV

5 Striche anwenden

Erläutern Sie die korrekte Verwendung des Viertelgeviertstriches und des Halbgeviertstriches in Deutschland.

Viertelgeviertstrich:

Halbgeviertstrich:

6 Typografische Begriffe erläutern

Erläutern Sie die Begriffe „Schriftfamilie" und „Schriftsippe".

Schriftfamilie:

Schriftsippe:

7 Typografische Begriffe kennen

Benennen Sie in der unteren Abbildung die Buchstabenelemente, Größen und Linien A - H.

8 Schriftklassifikation

Nennen Sie die 11 Schriftgruppen der Schriftklassifikation nach DIN 16 518 von 1964.

I:

II:

III:

IV:

V:

VI:

VII:

VIII:

IX:

X:

XI:

9 Schriften einordnen

Ordnen Sie die Schriften der richtigen Schriftgruppe nach DIN 16 518 zu:

a. ABCDEFGabcdefg

b. ABCDEFGabcdefg

c. ABCDEFGabcdefg

d. ABCDEFGabcdefg

e. ABCDEFGabcdefg

f. ABCDEFGabcdefg

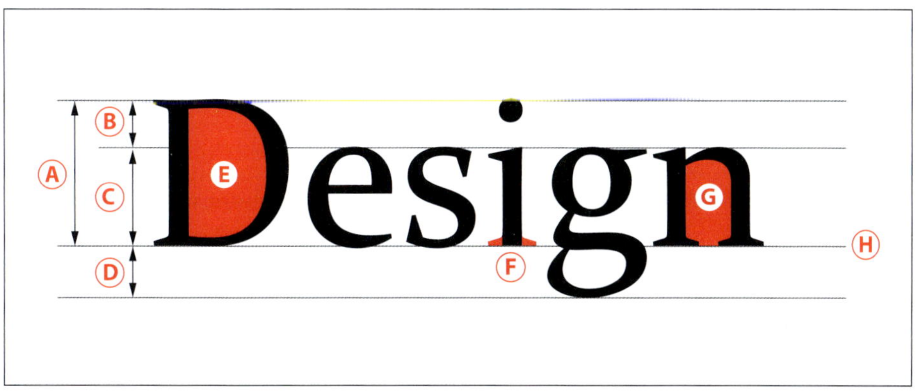

3.1 Schriftwahl und Textdesign

3.1.1 Schriften lesen

Das Lesen, also die Erkennung eines Wortes und die Verarbeitung seines Sinngehaltes, erfolgt nicht Buchstabe für Buchstabe, sondern sprunghaft. Dafür verantwortlich sind die sakkadischen Augenbewegungen. Unterlängen, Oberlängen, Groß- und Kleinschreibung, Zeichensetzung, Schriftproportion, Strichstärkenunterschiede und Dicktedifferenzen der Schriftzeichen ermöglichen erst, dass Schrift erkennbar und damit lesbar wird.

Hierin ist die Begründung zu finden, warum Monospace-Schriften den Proportionalschriften, was die Lesbarkeit angeht, deutlich unterlegen sind. Monospace-Schriften haben keine Dicktenunterschiede – jede Type ist gleich breit.

Proportionalschriften weisen für jeden Buchstaben eine individuelle Dickte auf und werden vom Schriftgestalter für die Lesbarkeit optimiert. Verwenden Sie also nie Monospace-Schriften für Mengentexte – das ist für den Leser sehr schwer zu lesen, Sie werden es selbst feststellen, wenn Sie den unten abgebildeten Text lesen. Die meisten Schriften sind als Proportionalschrift aufgebaut, was eine ordentliche Lesbarkeit für Mengentexte als Folge hat.
Das Lesen eines Textes wird durch drei Problembereiche gekennzeichnet:

- Zeichenerkennung
- Worterkennung
- Zeilensprung

Zeichenerkennung
Die Zeichenerkennung wird erschwert durch die Wahl einer Schrift mit wenig differenzierten Formen. Hierzu zählen Monospace-Schriften und wenig differenzierte ausgearbeitete Schriften, wie sie z. B. bei der Schriftgruppe „Antiqua-Varianten“ häufig zu finden sind.

Worterkennung
Ein undifferenzierter Schriftsatz wie ein reiner Versal- oder Kleinbuchstabensatz erschwert die Worterkennung. Ebenso der Satz mit sehr breit oder sehr schmal laufenden Schriften. Das Gleiche gilt für den Satz mit Kapitälchen oder Kursivschrift. Die Formen werden hier zu gleichmäßig und sind für den Leser schwer differenzierbar.

Der normale Satz mit Groß- und Kleinbuchstaben, kombiniert mit entsprechenden Auszeichnungen, ergibt einen gut lesbaren Text, der vom Leser ermüdungsfrei erfasst werden kann.

Zeilensprung
Der Zeilensprung stellt vor allem bei Mengentexten in Büchern, Zeitungen oder Zeitschriften ein Problem dar. Der neue Zeilenanfang muss beim Lesen schnell und sicher gefunden werden. Hier ist die Zeilenlänge und die Schriftwahl von ausschlaggebender Bedeutung. Kurze Zeilen bis zu etwa 60 Zeichen bei einer 10 pt großen Schrift erleichtern beim Lesen das Auffinden des neuen Zeilenanfangs.

Bei der Lesbarkeit von Texten spielt die Wahl der richtigen Schriftart eine wichtige Rolle, des Weiteren sind auch Faktoren wie Schriftgröße, Wortabstand, Zeichenabstand, Zeilenabstand, Satzart und Auszeichnungen zu berücksichtigen. Nehmen Sie sich also ausreichend Zeit, diese Festlegungen bewusst zu treffen, die Leser werden es Ihnen danken.

3.1.2 Schriftmerkmale

Für den Typografen ist es wichtig, Schriften zu wählen, die es dem Leser ermöglichen, das Erfassen von Silben und Wortbildern leicht und schnell durchzuführen.

Mittelhöhe
Beim Lesen sind wir es gewohnt, an der Oberkante der Buchstaben entlang zu „gehen", da sich hier Informationen von Bedeutung befinden. Die Oberlängen und Versalbuchstaben übermitteln wichtige Leseinformationen. Daher ist diese Orientierung für uns bedeutender als das konzentrierte Beachten der Unterkante, wo nur ab und zu eine Unterlänge die Gleichförmigkeit unterbricht.

Es ist für das schnelle und sichere Lesen eines Textes wichtig, dass die oberen Teile der Buchstaben ausgeprägte Formen aufweisen, die beim Lesen sicher erkannt werden können. Nur dann ist es auch für weniger geübte Leser möglich, nicht den Einzelbuchstaben zu erfassen, sondern ganze Wortbilder und Wortgruppen. Nur wenn wir Buchstabengruppen, Wortbilder und Wortgruppen erfassen können, ist es uns möglich, ermüdungsfrei über einen längeren Zeitraum zu lesen.

Schauen Sie sich dazu die Abbildung unten auf dieser Seite an. Sie erkennen sicherlich problemlos die links abgebildeten Wortfragmente, bei den rechts dargestellten Teilen ist die Interpretation nur schwer möglich. Je gleichförmiger und ähnlicher die Buchstaben insgesamt erscheinen, umso schlechter ist ein Wort zu lesen.

Buchstabenformen
Grundsätzlich lässt sich Folgendes festhalten: Je detailreicher, prägnanter und eigenständiger die einzelnen Buchstabenformen sind, desto lesbarer ist eine Schrift. Kleinbuchstaben sind

Ober-, Mittel- und Unterlängen
Vergleich der Lesbarkeit und Erkennbarkeit der Wörter, links mit verdecktem unterem Schriftteil, rechts mit verdecktem oberem Schriftteil.

Die Schriften von oben nach unten: Univers, Helvetica, Avantgarde, Meta, Times, Walbaum.

besser erfassbar als Großbuchstaben. Versalzeichen oder Kapitälchen eignen sich nur als Auszeichnung oder Headline, nicht als Lesetext, Ausnahmen sind z. B. bei Urkunden zulässig.

3.1.3 Wahl der richtigen Schrift

Des Weiteren spielt die Wahl der richtigen Schrift eine wichtige Rolle. Alle Schriften mit Serifen bieten eine Art optische Grundlinie, die das Auge beim Lesen führt. Daraus könnten wir ableiten, dass Serifenschriften generell besser geeignet sind als serifenlose Schriften. Dem ist aber nicht generell so, da noch weitere Kriterien für die Lesbarkeit eines Mengentextes berücksichtigt werden müssen. Folgende Kriterien können bei der Auswahl einer Schrift herangezogen werden:

- Einheitliche Wirkung des Schriftbildes
- Breite der Buchstaben
- Proportionen der Mittel-, Ober- und Unterlängen
- Bandwirkung einer Schrift
- Dynamik der Formen mit der dazugehörenden Laufweite
- Serifen, An- und Abstriche
- Strichstärkenkontrast
- Auszeichnungsmöglichkeiten und verfügbare Schriftfamilie
- Eignung für Schriftmischungen
- Aussehen der Ziffern

Antiquaschriften wie Times oder Palatino sind z. B. für Mengentext gut geeignet. Ihre Serifen stellen ein verbindendes Element dar, das dem Leser Silben und Wortbilder optisch gut erschließt.

Serifenlose Linear-Antiqua-Schriften sind hierfür nicht so optimal. Charakter und Wirkung sind leichter und moderner, die Lesbarkeit dieser Schriften ist gut – aber doch reduzierter als bei einer Renaissance-Antiqua.

Die Lesbarkeit serifenloser Schriften wird verbessert, wenn die Grundformen der Antiquaschriften Grundlage der Buchstabenformen sind, wie dies z. B. bei den Schriften Gill Sans oder Univers der Fall ist. Die serifenlose Schrift Helvetica hat ausgeprägte Mittellängen, was prinzipiell eine gute Lesbarkeit ermöglicht, jedoch muss ein ausreichender Größenunterschied zu den Versalien gewahrt bleiben. Die Schrift Futura hat im Gegensatz dazu eine geringere Mittellänge, was die Lesbarkeit etwas verschlechtert. Bei den Schriften Futura und Bauhaus sind die Gemeinen u. a. wegen des fehlenden Querstriches im Buchstaben „a" nicht mehr optimal unterscheidbar.

Je ähnlicher die einzelnen Buchstaben einer Schrift wirken, umso schwe-

Lesbarkeit von verschiedenen Schriften
Von oben nach unten ist eine Verschlechterung der Lesbarkeit festzustellen, die u. a. durch fehlende Serifen und eine schwerer erkennbare Schriftform beim „a" erklärbar ist.

rer hat es der Leser bei der Differenzierung und umso weniger geeignet ist eine Schrift für den Satz großer Textmengen.

Das bisher Beschriebene gilt auch für Werbetexte, die schnell erfasst werden müssen, da die Verweildauer des Lesers hier sehr kurz ist, der Leser aber den Inhalt unbedingt aufnehmen soll. Daher gilt auch hier das Gebot, gut lesbare und schnell erfassbare Schriften einzusetzen. Das Gleiche trifft auch für alle Arten von Informations- und Leitsystemen zu, da Informationen auch hier sehr schnell erfasst werden müssen.

3.1.4 Textdesign

Unter der Mithilfe von Blickaufzeichnungskameras (Eye-Tracking) wurden viele Versuche zum Leseverhalten mit Personen unterschiedlichen Alters durchgeführt. Daraus ergaben sich folgende Punkte, die für das Textdesign wichtig sind:

- Gut lesbare Schriften für Mengentexte verwenden
- Buchstaben nicht zu stark unterschneiden oder spationieren
- Keine zu großen Wortabstände, vor allem beim Blocksatz (große Lücken behindern die Aufnahme mehrerer Wörter und stören den Lesefluss)
- Keine zu langen Zeilen (verhindert Fixation des Auges auf die nächste Zeile – Leser verliert den Zeilensprung und hat keine oder eine schlechte Orientierung im Textblock)
- Korrekten Zeilenabstand verwenden (stört sonst den Grauwert einer Seite, führt zu Reduzierung des Leseflusses)
- Geeignete Satzart und geeignete Einzüge verwenden (erleichtert dem Leser die Fixierung auf die notwendigen Bezugspunkte im Textblock für einen mühelosen Zeilenwechsel)
- Korrekte Schriftgröße verwenden (Größen von 8 bis 12 Punkt sind für alle Altersgruppen gut lesbar)

3.1.5 Lesen ist Gewohnheit

Mit den beschriebenen Kriterien für die Lesbarkeit sind gute Richtwerte für die Verwendung von Schrift geschaffen. Neben allen Regeln spielen die Lesegewohnheiten, die Lesekultur und das Lesenlernen in einem Kulturkreis eine bedeutende Rolle.

Die Fraktur war von Mitte des 16. bis Anfang des 20. Jahrhunderts die meistbenutzte Druckschrift im deutschsprachigen Raum. Die damaligen Schüler haben die Schrift in der Schule gelernt und waren sie gewohnt. Heute ist es kaum noch jemandem möglich, derartige Schriften zu lesen oder gar korrekt zu setzen, da sie komplizierte Satzregeln aufweisen.

Bei der Leſbarkeit von Texten ſpielt die Wahl der richtigen Schriftart eine wichtige Rolle, deſ Weiteren ſind auch Faktoren wie Schriftgröße, Wortabſtand, Zeichenabſtand, Zeilenabſtand, Satzart und Auſzeichnungen zu berückſichtigen. Nehmen Sie ſich alſo auſreichend Zeit, dieſe Feſtlegungen bewuſſt zu treffen, die Leſer werden eſ Ihnen danken. Wenn Sie alſ Schriftart, wie hier, eine gebrochene Schrift einſetzen, müſſen Sie damit rechnen, daſſ junge Leſer Probleme haben, dieſen Text zu leſen, da ſie eſ nicht gewohnt ſind, gebrochene Schriften zu leſen.

Luthersche Fraktur

Tyypografie	6 pt
Tyypograf	7 pt
Tyypogra	8 pt
Tyypogr	9 pt
Typog	12 pt
Typo	18 pt
Typ	24 pt
Ty	36 pt
T	48 pt

Schriftgrößen
Schrift: Constantia Regular

Bei normalem Leseabstand wird 6–8 pt üblicherweise für kurze Passagen, wie Fußnoten oder Marginalien verwendet (Konsultationsgröße). 9–12 pt sind übliche Lesegrößen für den Fließtext in Büchern, Zeitungen, Zeitschriften und Geschäftsdrucksachen. 12–48 pt eignen sich gut für Textelemente, die auffallen sollen, wie Überschriften (Schaugrößen). Plakat- oder Displayschriften liegen über 48 pt. Plakatschriften werden z.T. als eigene Schriftschnitte angeboten, die enger zugerichtet sind.

3.2 Zeichenabstand

Ein Schriftgestalter, der eine Schrift entwickelt, stimmt die jeweilige Vor- und Nachbreite sowie die Buchstabendickte optimal auf die Schrift und die damit verbundene Lesbarkeit ab. Dadurch wird erreicht, dass möglichst viele verschiedene Buchstabenkombinationen gleichartige Abstände zueinander aufweisen. Ein einheitliches und gleichmäßiges Graubild ist die Folge und der Leser erfasst eine gut zugerichtete Schrift dann schnell und ohne Anstrengung. In eine solche Schrift sollte der Gestalter möglichst nicht eingreifen. Ist es einmal notwendig, so spricht man von Sperren (erweiterte Laufweite) bzw. von Unterschneiden (reduzierte Laufweite). Dies bedeutet, dass zwischen Buchstaben zur vorhandenen Vor- und Nachbreite noch Einheiten (Anteile eines Gevierts) addiert oder abgezogen werden.

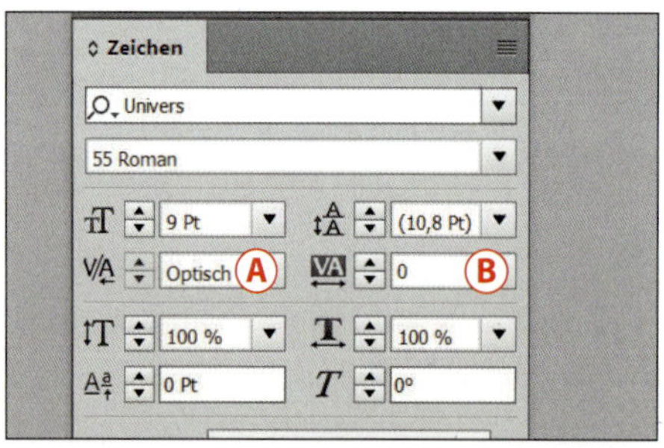

Fenster Zeichen

Einstellungsmöglichkeiten in InDesign

A Kerning (in 1/1000 Geviert)

B Laufweite (in 1/1000 Geviert)

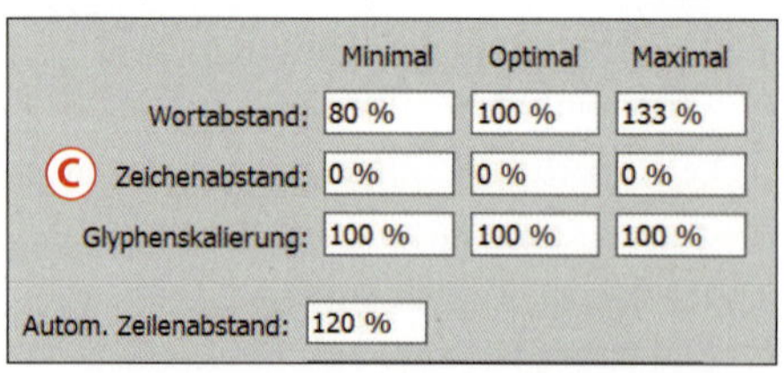

Einstellung Zeichenabstand

Einstellung des Zeichenabstandes in InDesign (*Absatzformat > Abstände*) über einen Wertebereich (Minimal, Optimal und Maximal). InDesign nutzt den Wertebereich zur Optimierung von Umbrüchen.

Der Zeichenabstand kann über das Kerning **A**, die Laufweite **B** und den Wertebereich **C** reguliert werden, wobei die Einstellungen zusammengerechnet werden.

3.2.1 Laufweite

Einstellungen zur Laufweite werden für mehrere Abstände zwischen Zeichen eingesetzt, also wenn z. B. ein Wort oder ganze Absätze gleichmäßig unterschnitten oder gesperrt werden sollen. Dabei können positive oder negative Werte eingestellt werden, gemessen wird die Laufweite in 1/1000 Geviert.

Laufweitenänderungen werden unter Typografen kontrovers diskutiert. Was ist erlaubt, was nicht? Der Gestalter muss bei einer Änderung der Laufweite immer die Lesbarkeit einer Schrift berücksichtigen, der Kontrast zum Hintergrund, Leseabstand und Schriftgröße sind wichtig.

Wird die Laufweite vergrößert, muss ggf. auch der Wortabstand vergrößert werden, dadurch bleibt dann das einzelne Wort leichter erkennbar. Bei Serifenschriften ist immer darauf zu achten, dass die Serifen der nebeneinanderliegenden Schriftzeichen zwar eng beieinander liegen, sich aber nicht berühren. Schriften sind in der Regel für die Schriftgrade 8 bis 18 pt optimiert, wodurch sich für diese Größen eine gute Lesbarkeit zeigt. Es gibt daher normalerweise keine Notwendigkeit, bei diesen Schriftgraden die Laufweite zu verändern.

Bei großen Schriftgraden (größer als 20 pt) sollte die Laufweite etwas reduziert werden, um ein optisches Auseinanderfallen der Buchstaben zu vermeiden, besonders beim Satz von Headlines in Büchern, Katalogen, Titeln und bei der Plakatgestaltung. Wenn Negativsatz verwendet wird, dann sollte die Laufweite leicht erhöht werden, um die Lesbarkeit zu verbessern, generell sollte aber Negativsatz wegen der schlechteren Lesbarkeit eher vermieden werden.

Unterschiedliche Einstellungen für die Laufweite im Überblick

Bei der Lesbarkeit von Texten spielt die Wahl der richtigen Schriftart eine wichtige Rolle, des Weiteren sind auch Faktoren wie Schriftgröße, Wortabstand, Zeichenabstand, Zeilenabstand, Satzart und Auszeichnungen zu berücksichtigen. Nehmen Sie sich also ausreichend Zeit, diese Festlegungen bewusst zu treffen. Zeichenabstände lassen sich über die Laufweite und das Kerning regulieren. Einstellungen zur Laufweite werden für mehrere Abstände zwischen Zeichen eingesetzt, Kerning-Einstellungen befassen sich mit dem Abstand zwischen Buchstabenpaaren.	Univers 55, 9 pt Kerning: Metrisch Laufweite: 0 (Normal) ▪ Harmonisches Satzbild ▪ Gleichmäßiger Grauwert ▪ Sehr gute Lesbarkeit
Bei der Lesbarkeit von Texten spielt die Wahl der richtigen Schriftart eine wichtige Rolle, des Weiteren sind auch Faktoren wie Schriftgröße, Wortabstand, Zeichenabstand, Zeilenabstand, Satzart und Auszeichnungen zu berücksichtigen. Nehmen Sie sich also ausreichend Zeit, diese Festlegungen bewusst zu treffen. Zeichenabstände lassen sich über die Laufweite und das Kerning regulieren. Einstellungen zur Laufweite werden für mehrere Abstände zwischen Zeichen eingesetzt, Kerning-Einstellungen befassen sich mit dem Abstand zwischen Buchstabenpaaren.	Univers 55, 9 pt Kerning: Metrisch Laufweite: -10 ▪ Harmonisches Satzbild ▪ Gleichmäßiger Grauwert ▪ Gute Lesbarkeit
Bei der Lesbarkeit von Texten spielt die Wahl der richtigen Schriftart eine wichtige Rolle, des Weiteren sind auch Faktoren wie Schriftgröße, Wortabstand, Zeichenabstand, Zeilenabstand, Satzart und Auszeichnungen zu berücksichtigen. Nehmen Sie sich also ausreichend Zeit, diese Festlegungen bewusst zu treffen. Zeichenabstände lassen sich über die Laufweite und das Kerning regulieren. Einstellungen zur Laufweite werden für mehrere Abstände zwischen Zeichen eingesetzt, Kerning-Einstellungen befassen sich mit dem Abstand zwischen Buchstabenpaaren.	Univers 55, 9 pt Kerning: Metrisch Laufweite: -25 ▪ Zu enges Satzbild ▪ Zu dunkler Grauwert ▪ Reduzierte Lesbarkeit
Bei der Lesbarkeit von Texten spielt die Wahl der richtigen Schriftart eine wichtige Rolle, des Weiteren sind auch Faktoren wie Schriftgröße, Wortabstand, Zeichenabstand, Zeilenabstand, Satzart und Auszeichnungen zu berücksichtigen. Nehmen Sie sich also ausreichend Zeit, diese Festlegungen bewusst zu treffen. Zeichenabstände lassen sich über die Laufweite und das Kerning regulieren. Einstellungen zur Laufweite werden für mehrere Abstände zwischen Zeichen eingesetzt, Kerning-Einstellungen befassen sich mit dem Abstand zwischen Buchstabenpaaren.	Univers 55, 9 pt Kerning: Metrisch Laufweite: +25 ▪ Zu weites Satzbild ▪ Zu heller Grauwert ▪ Reduzierte Lesbarkeit

3.2.2 Kerning

Die Kerning-Einstellungen befassen sich mit dem Abstand zwischen Buchstabenpaaren. Die Einstellung „Metrisch" greift auf die Kerningtabellen der Schriftdatei zu und reguliert automatisch den Abstand zwischen Buchstabenpaaren. Die Einstellung „Optisch" ist sinnvoll, wenn eine Schrift kein Kerning beinhaltet. In manchen Fällen, vorwiegend bei Überschriften, ist eine manuelle Korrektur notwendig, hierzu muss der Cursor zwischen den zwei Zeichen stehen, bei denen der Abstand korrigiert werden muss. Manuelle Einstellungen sind auch möglich, gemessen wird Kerning in 1/1000 Geviert. Hier ein Beispiel für die Schriftart Univers 55 Roman, 14 pt (mit Kerningtabelle):

Kerning „Metrisch" (-95):	Ta
Kerning „Optisch" (-76):	Ta
Kerning „0":	Ta

Wird beim Kerning der Abstand vergrößert nennt man dies „Sperren", wird der Abstand reduziert, dann spricht man von „Unterschneiden", dies ist ein alter Begriff aus der Bleisatzzeit. Die früheren Schriftsetzer haben bei optisch kritischen Versalbuchstaben wie z. B. beim „T" oder „W" in den metallenen Bleibuchstaben hineingeschnitten, um den Buchstabenabstand zum nachfolgenden Kleinbuchstaben zu verringern. Solche mechanischen Tätigkeiten wurden durchgeführt, um „optische Löcher" im Satzbild eines Textes zu vermeiden. Dies galt vor allem für den Satz großer Schriftgrade, da hier die optischen Lücken deutlich erkennbar waren und den Lesefluss früher wie heute hemmen. Auf der rechten Seite sind die Befehle für die Kerningbearbeitung in Adobe InDesign aufgeführt.

Bei guten Schriften sind in der Regel Kerningtabellen hinterlegt, aus denen bei der Einstellung „Metrisch" automatisch die passenden Buchstabenabstände ausgelesen werden. Bei Freeware-Schriften aus dem Internet sind oftmals keine Kerningtabellen hinterlegt, da dies in der Herstellung zu teuer ist. Kerningtabellen können bearbeitet werden, um eine Schrift auf einen Auftrag hin zu optimieren. In InDesign können keine Kerningtabellen editiert werden, in QuarkXPress ist dies z. B. möglich.

Im Beispiel links unten wird dargestellt, wie eine Unterschneidung funktioniert: Die Buchstaben stehen oben (ohne Unterschneidung) zu weit auseinander, besonders beim „Ty". Das Unterschneiden verbessert die Wirkung der Schrift deutlich.

Werden Texte nur mit Großbuchstaben gesetzt, entsteht kein eigenständiges und typisches Wortbild, das für den Leser leicht erfassbar ist. Die Ursache dafür liegt in den fehlenden Unter- und Oberlängen. Nur wenn diese vorhanden sind, ergeben sich

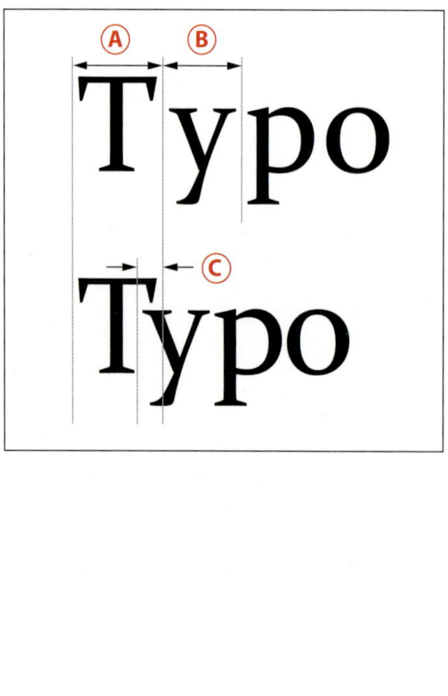

Unterschneidung

A Dickte T
B Dickte y
C Bereich der Unterschneidung

Kerningfunktion	Windows	macOS
Kerning/Laufweite um 1/50 Geviert verringern/erhöhen	Alt + Links-/Rechtspfeil	Wahl + Links-/Rechtspfeil
Kerning/Laufweite um 1/10 Geviert verringern/erhöhen	Alt + Strg + Links-/Rechtspfeil	Wahl + Befehl + Links-/Rechtspfeil
Laufweite zwischen Wörtern erhöhen	Alt + Strg + <	Wahl + Befehl + <
Laufweite zwischen Wörtern verringern	Alt + Strg + Rücktaste	Alt + Strg + Rücktaste
Alle manuellen Kerning-/Laufweiteneinstellungen löschen und Laufweite auf 0 zurücksetzen	Alt + Strg + Q	Wahl + Befehl + Q

Kerning in InDesign
Übersicht über verfügbare Kurzbefehle für die Kerninganwendung für Windows und macOS

charakteristische und wiedererkennbare Wortbilder. Daher sind nur in Versalien gesetzte Texte schwer lesbar. Die Lesegeschwindigkeit wird reduziert und die Behaltensquote nimmt ab.

Vor allem für repräsentative Drucksachen wie Urkunden, Firmenschriftzüge oder Logos, aber auch für Headlines und Plakate werden immer wieder reine Versalschriftzüge benötigt. In all diesen Fällen ist eine Optimierung der Zurichtung (Änderung der Buchstabenabstände) erforderlich, da eine Schrift normalerweise für den Satz von Groß- und Kleinbuchstaben zugerichtet ist. Werden nur Großbuchstaben gesetzt, stimmt die Zurichtung zwischen den Versalien nicht und es ist notwendig, einen manuellen Ausgleich vorzunehmen. Hier sind die kritischen Buchstaben und Buchstabenkombinationen aufgeführt:

- Optisch kritische Versalbuchstaben: A, F, L, P, T, V, W und Y
- Optisch kritische Kleinbuchstaben: a, e, f, o, v, w und y
- Kritische Kombinationen aus Versal- und Kleinbuchstaben: AV, Av, AW, Aw, AY, Ay, FA, Fa, FE, Fe, FI, Fi, FO, Fo, FR, Fr, FU, Fu, LA, LT, LV, LY, Ly, PA, Pa, Pi, Po, TA, Ta, TE, Te, TI, Ti, TO, To, TR, Tr, TY, Ty, VA, Va, WA, Wa, We, Wo, Ya, Yo
- Kritische Kombination mit Gemeinen: ai, aj, aw, ay, ej, ev, ew, ey, fa, fe, ff, fl, ffl, oe, oj, ov, ow, oy, va, ve, vo, wa, we, wo, ya, yo

Um optische Löcher, die beim Satz entstehen, auszugleichen, muss durch entsprechendes Unterschneiden oder Sperren ein Ausgleich hergestellt werden. Dies ist besonders bei den weniger offenen Buchstaben notwendig, damit sich die Weißräume zwischen den Buchstaben angleichen und ein einheitliches Graubild des Wortes erreicht wird.

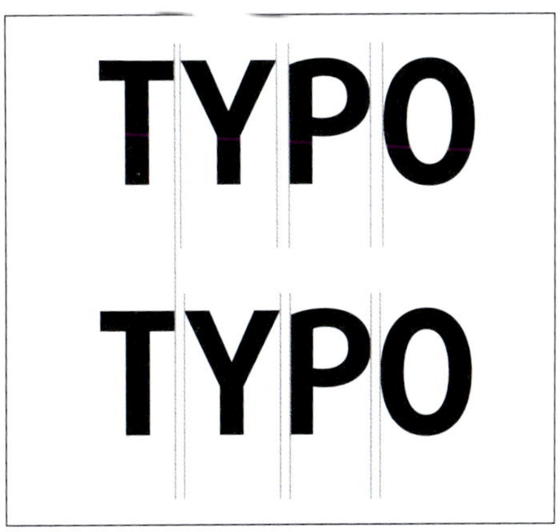

Ausgleichen einer Versalschrift
Oben: nicht ausgeglichener Schriftzug
Unten: ausgeglichener Schriftzug

3.3 Wortabstand

Einstellung des Wortabstandes in InDesign

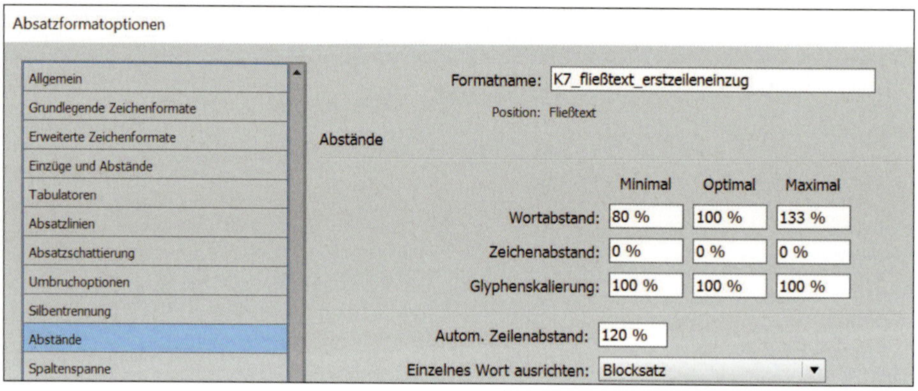

Der normale Abstand zwischen zwei Wörtern ist etwa ein Viertel bis ein Drittel des Gevierts, mindestens aber die Dicke des kleinen „i". Die Dickte des kleinen „i" ist der Ausgangswortzwischenraum für den Blocksatz.

Bei Serifenschriften gibt es eine weitere Definition des Wortzwischenraumes, hier wird vielfach die Punzenbreite des kleinen „n" als der korrekte Wortabstand benannt.

Das Beispiel unten zeigt diese Definitionen für den Wortabstand an je einem Beispielsatz.

Beim Blocksatz wird, um die Zeilenumbrüche zu optimieren, der Wortzwischenraum je nach entstandener Satzsituation verkleinert oder vergrößert, hierfür wird der eingestellte Wertebereich genutzt. In InDesign kann der Wertebereich (Minimal, Optimal und Maximal) im *Absatzformat* (*Abstände*) eingestellt werden.

Bei richtig dimensionierten Wortzwischenräumen wird die Lesegeschwindigkeit und die Informationsaufnahme beschleunigt. Die Wortzwischenräume sollten so groß sein, dass die Wörter

Wortzwischenraum

A Die Dickte des kleinen „i"
B Beispielsatz in einer serifenlosen Schrift
C Die Punzenbreite des kleinen „n"
D Beispielsatz in einer Serifenschrift

(A) i

(B) Die Dickte des kleinen „i" ist der Ausgangswortzwischenraum für den Blocksatz.

(C) n

(D) Die Punzenbreite des kleinen „n" wird bei Serifenschriften oft als der korrekte Wortabstand benannt.

einer Zeile noch als einzelne Wörter erkannt werden, aber so klein, dass die Wörter zusammenhängernd gelesen werden können, ohne „auseinanderzufallen".

Der Satz, das ganzheitliche Satzmuster gewinnt für den Leser an Bedeutung. Das einzelne Wort tritt in den Hintergrund. Das Erkennen ganzheitlicher Satzstrukturen wird beschleunigt.

Die Veränderung des Wortzwischenraumes in den Abbildungen rechts und unten verdeutlicht, dass ab einer bestimmten Größe des Wortzwischenraumes die Lesbarkeit des Satzgefüges herabgesetzt wird, man nimmt nur noch das einzelne Wort auf. Das Beispiel unten zeigt besonders gut die Abhängigkeit der Einstellungen von der Spaltenbreite. Bei schmalen Spalten werden die Probleme besonders deutlich.

(A) Der Raum zwischen zwei Wörtern sollte gerade groß genug sein!

(B) Der Raum zwischen zwei Wörtern sollte gerade groß genug sein!

(C) Der Raum zwischen zwei Wörtern sollte gerade groß genug sein!

Wortzwischenraum-Einstellungen

A Wortabstand: 100%
B Wortabstand: 200%
C Wortabstand: 400%

Unterschiedliche Wortzwischenraum-Einstellungen im Überblick

Der richtige Wortabstand ist abhängig von der Satzart und der verwendeten Spaltenbreite. Besonders bei Blocksatz ist die Einstellung des richtigen Wortabstandes wichtig. Werden die Grenzen für die Wortabstände zu eng oder zu weit gesetzt, können „Löcher" entstehen oder der Text wirkt gequetscht, auch können viele Trennungen entstehen.

Univers 55, 9 pt

Wortabstand:
Minimal: 90%
Optimal: 100%
Maximal: 130%

Der richtige Wortabstand ist abhängig von der Satzart und der verwendeten Spaltenbreite. Besonders bei Blocksatz ist die Einstellung des richtigen Wortabstandes wichtig. Werden die Grenzen für die Wortabstände zu eng oder zu weit gesetzt, können „Löcher" entstehen oder der Text wirkt gequetscht, auch können viele Trennungen entstehen.

Univers 55, 9 pt

Wortabstand:
Minimal: 100%
Optimal: 100%
Maximal: 100%

Der richtige Wortabstand ist abhängig von der Satzart und der verwendeten Spaltenbreite. Besonders bei Blocksatz ist die Einstellung des richtigen Wortabstandes wichtig. Werden die Grenzen für die Wortabstände zu eng oder zu weit gesetzt, können „Löcher" entstehen oder der Text wirkt gequetscht, auch können viele Trennungen entstehen.

Univers 55, 9 pt

Wortabstand:
Minimal: 25%
Optimal: 100%
Maximal: 200%

3.4 Zeilenabstand

Zeilenabstand

A Zeilenabstand
B Durchschuss

Der Zeilenabstand ist der vertikale Abstand von einer Schriftlinie zur nächsten Schriftlinie. In der oberen Abbildung ist dieser Abstand durch **A** gekennzeichnet. Der Zeilendurchschuss, der die Zeilen im Abstand auseinandertreibt, ist durch **B** markiert. Der Durchschuss ist der grau gekennzeichnete vertikale Abstand von der Schriftunterkante (Unterlänge) bis zur nächsten Schriftoberkante.

Fenster Zeichen in InDesign

Einstellungsmöglichkeit für den Zeilenabstand **C** (in pt). Ist der Wert eingeklammert, dann handelt es sich um den automatischen Wert, der in Prozent der Schriftgröße eingestellt wird.

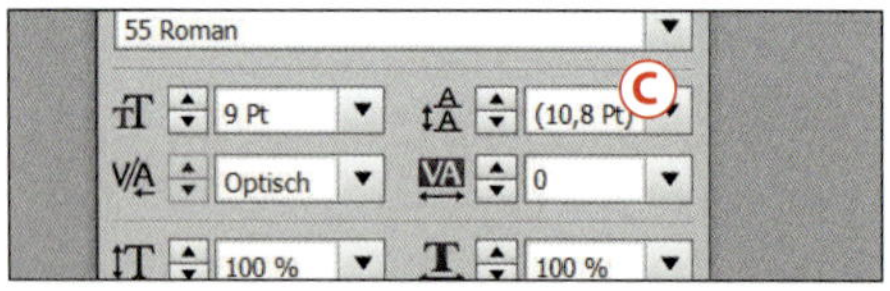

Bei den heute üblichen Grafik- und Layoutprogrammen hat es sich eingebürgert, dass als Voreinstellung für den Zeilendurchschuss 20 % der verwendeten Schriftgröße voreingestellt ist **D** (also ein Zeilenabstand von 120%). Die Abbildung unten zeigt die Grundeinstellung für den automatischen Zeilenabstand im Programm InDesign. Soll dieser Abstand für einen Text verändert werden, müssen Sie im Absatzformat unter Abstände den gewünschten Wert einstellen. Unter Voreinstellungen können Sie außerdem die Einstellungen für das Grundlinienraster, also für den festen Zeilenabstand (= Schrittweite) eines Grundtextes, definieren.

Automatischer Zeilenabstand in InDesign

Einstellung des automatischen Zeilenabstandes **D** in InDesign (*Absatzformat > Abstände*)

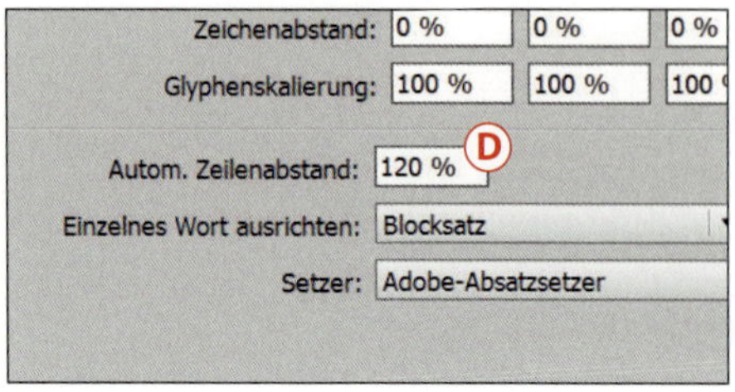

Den optimalen Zeilenabstand gibt es nicht. Für jede Schrift und für jede typografische Neugestaltung muss der optimale Zeilenabstand für die Lesbarkeit des Produktes ermittelt werden.

Auf der Seite rechts sehen Sie einen Vergleich der Zeilenabstände für die 9 pt Helvetica und die 9 pt Palatino. Der Mindestabstand (kompress) beträgt 100 %, entspricht also dem Schriftgrad. Die Schriften sind von oben nach unten wie folgt gesetzt: 9/9 pt (kompress), 9/10 pt (1 pt Durchschuss), 9/11 pt (2 pt Durchschuss) und die Helvetica zusätzlich in 9/12 pt (3 pt Durchschuss). Sie erkennen, dass die Palatino mit einem Durchschuss von 1 bis 2 Punkt optimal lesbar ist, die Helvetica bei einem Durchschuss von 2 bis 3 pt. Je nach Duktus der Schrift ist für eine Optimierung der Lesbarkeit ein unterschiedlicher Zeilenabstand zu ermitteln. Dies erfordert vom Gestalter einige Erfahrung und optisches Gespür im Umgang mit der Textgestaltung.

Unterschiedliche Zeilenabstand-Einstellungen im Überblick

Bei der Lesbarkeit von Texten spielt die Wahl der richtigen Schriftart eine wichtige Rolle, des Weiteren sind auch Faktoren wie Schriftgröße, Wortabstand, Zeichenabstand, Zeilenabstand, Satzart und Auszeichnungen zu berücksichtigen. Nehmen Sie sich also ausreichend Zeit, diese Festlegungen bewusst zu treffen, die Leser werden es Ihnen danken.	Helvetica, 9 pt Zeilenabstand: 9 pt (ohne Durchschuss)
Bei der Lesbarkeit von Texten spielt die Wahl der richtigen Schriftart eine wichtige Rolle, des Weiteren sind auch Faktoren wie Schriftgröße, Wortabstand, Zeichenabstand, Zeilenabstand, Satzart und Auszeichnungen zu berücksichtigen. Nehmen Sie sich also ausreichend Zeit, diese Festlegungen bewusst zu treffen, die Leser werden es Ihnen danken.	Helvetica, 9 pt Zeilenabstand: 10 pt (1 pt Durchschuss)
Bei der Lesbarkeit von Texten spielt die Wahl der richtigen Schriftart eine wichtige Rolle, des Weiteren sind auch Faktoren wie Schriftgröße, Wortabstand, Zeichenabstand, Zeilenabstand, Satzart und Auszeichnungen zu berücksichtigen. Nehmen Sie sich also ausreichend Zeit, diese Festlegungen bewusst zu treffen, die Leser werden es Ihnen danken.	Helvetica, 9 pt Zeilenabstand: 11 pt (2 pt Durchschuss)
Bei der Lesbarkeit von Texten spielt die Wahl der richtigen Schriftart eine wichtige Rolle, des Weiteren sind auch Faktoren wie Schriftgröße, Wortabstand, Zeichenabstand, Zeilenabstand, Satzart und Auszeichnungen zu berücksichtigen. Nehmen Sie sich also ausreichend Zeit, diese Festlegungen bewusst zu treffen, die Leser werden es Ihnen danken.	Helvetica, 9 pt Zeilenabstand: 12 pt (3 pt Durchschuss)
Bei der Lesbarkeit von Texten spielt die Wahl der richtigen Schriftart eine wichtige Rolle, des Weiteren sind auch Faktoren wie Schriftgröße, Wortabstand, Zeichenabstand, Zeilenabstand, Satzart und Auszeichnungen zu berücksichtigen. Nehmen Sie sich also ausreichend Zeit, diese Festlegungen bewusst zu treffen, die Leser werden es Ihnen danken.	Palatino, 9 pt Zeilenabstand: 9 pt (ohne Durchschuss)
Bei der Lesbarkeit von Texten spielt die Wahl der richtigen Schriftart eine wichtige Rolle, des Weiteren sind auch Faktoren wie Schriftgröße, Wortabstand, Zeichenabstand, Zeilenabstand, Satzart und Auszeichnungen zu berücksichtigen. Nehmen Sie sich also ausreichend Zeit, diese Festlegungen bewusst zu treffen, die Leser werden es Ihnen danken.	Palatino, 9 pt Zeilenabstand: 10 pt (1 pt Durchschuss)
Bei der Lesbarkeit von Texten spielt die Wahl der richtigen Schriftart eine wichtige Rolle, des Weiteren sind auch Faktoren wie Schriftgröße, Wortabstand, Zeichenabstand, Zeilenabstand, Satzart und Auszeichnungen zu berücksichtigen. Nehmen Sie sich also ausreichend Zeit, diese Festlegungen bewusst zu treffen, die Leser werden es Ihnen danken.	Palatino, 9 pt Zeilenabstand: 11 pt (2 pt Durchschuss)

3.5 Satzarten

Blocksatz

Alle Zeilen sind gleich lang. Die Wortabstände verändern sich. Blocksatz sollte bei weniger als 40 Zeichen/Zeile nicht verwendet werden.
Lassen Sie nicht mehr als drei Trennungen in Folge zu. Der Wortabstand sollte mindestens 80 % und maximal 140 % der Schriftgröße betragen.
Blocksatz wird für Bücher aller Art verwendet und ist im Zeitungs- und Zeitschriftendesign anzutreffen.

> Bei der Lesbarkeit von Texten spielt die Wahl der richtigen Schriftart eine wichtige Rolle, des Weiteren sind auch Faktoren wie Schriftgröße, Wortabstand, Zeichenabstand, Zeilenabstand, Satzart und Auszeichnungen zu berücksichtigen. Nehmen Sie sich also ausreichend Zeit, diese Festlegungen bewusst zu treffen, die Leser werden es Ihnen danken. Die Satzart, also die Ausrichtung der Textzeilen, hängt stark von der Textmenge, dem Inhalt und dem Layout einer Seite ab. Blocksatz bringt Ruhe in eine Gestaltung.

Rausatz

Die Zeilen flattern kaum. Die Flatterzone ist kleiner als beim Flattersatz. Es passt ungefähr so viel Text in eine Zeile wie beim Blocksatz. Es sind maximal vier Trennungen hintereinander vertretbar.
Rausatz ist bei Taschenbüchern und ähnlichen Produkten zu finden, die mit Hilfe automatischer Umbruchsysteme erstellt werden. Ferner ist der Rausatz im modernen Zeitschriften- und Buchbereich anzutreffen.

> Bei der Lesbarkeit von Texten spielt die Wahl der richtigen Schriftart eine wichtige Rolle, des Weiteren sind auch Faktoen wie Schriftgröße, Wortabstand, Zeichenabstand, Zeilenabstand, Satzart und Auszeichnungen zu berücksichtigen. Nehmen Sie sich also ausreichend Zeit, diese Festlegungen bewusst zu treffen, die Leser werden es Ihnen danken. Die Satzart, also die Ausrichtung der Textzeilen, hängt stark von der Textmenge, dem Inhalt und dem Layout einer Seite ab. Rausatz wirkt ruhiger als Flattersatz.

Flattersatz, linksbündig

Es werden keine (englischer Flattersatz) oder fast keine Trennungen (deutscher Flattersatz) verwendet. Vermeiden Sie unbedingt Treppen und optische Löcher im Satz. Linksbündiger Flattersatz ist für ansprechende, ästhetisch anmutende und gut lesbare Drucksachen zu verwenden. Er ist auf Internetseiten die Standardsatzart, da dort Blocksatz in guter Qualität schwer realisierbar ist.

> Bei der Lesbarkeit von Texten spielt die Wahl der richtigen Schriftart eine wichtige Rolle, des Weiteren sind auch Faktoren wie Schriftgröße, Wortabstand, Zeichenabstand, Zeilenabstand, Satzart und Auszeichnungen zu berücksichtigen. Nehmen Sie sich also ausreichend Zeit, diese Festlegungen bewusst zu treffen, die Leser werden es Ihnen danken. Die Satzart, also die Ausrichtung der Textzeilen, hängt stark von der Textmenge, dem Inhalt und dem Layout einer Seite ab. Flattersatz wirkt manchmal unruhig.

Flattersatz, rechtsbündig

Die Flatterzone sollte maximal 1/5 der Zeilenlänge entsprechen. Trennungen folgen dem Inhalt und dem Leserhythmus. Vermeiden Sie unbedingt Treppen und optische Löcher im Satz.
Rechtsbündiger Flattersatz findet sich bei Marginalien, Bildunterschriften und Tabellen. Vermittelt eine schlechte Lesbarkeit, da er nicht unseren Lesegewohnheiten entspricht.

Bei der Lesbarkeit von Texten spielt die Wahl der richtigen Schriftart eine wichtige Rolle, des Weiteren sind auch Faktoren wie Schriftgröße, Wortabstand, Zeichenabstand, Zeilenabstand, Satzart und Auszeichnungen zu berücksichtigen. Nehmen Sie sich also ausreichend Zeit, diese Festlegungen bewusst zu treffen, die Leser werden es Ihnen danken. Die Satzart, also die Ausrichtung der Textzeilen, hängt stark von der Textmenge, dem Inhalt und dem Layout einer Seite ab. Rechtsbündiger Flattersatz ist schwer lesbar, er widerspricht unserer Leserichtung..

Freier Zeilenfall

Der freie Zeilenfall orientiert sich an verschiedenen Achsen, er ist weder rechts- noch linksbündig, noch orientieren sich die Zeilen an der Mitte. Der Zeilenfall ist zwar „frei", aber nicht frei von Regelmäßigkeiten. Die Zeilen werden an selbst definierten Achsen im Wechsel ausgerichtet, nach einem Rhythmus, der sich am Inhalt orientiert.
Freier Zeilenfall eignet sich für Headlines oder Lyrisches.

Der Mensch hat dreierlei Wege,
klug zu handeln:

erstens durch Nachdenken,
das ist der edelste;
zweitens durch Nachahmen,
das ist der leichteste;
drittens durch Erfahrung,
das ist der bitterste.

Konfuzius

Mittelachsensatz

Satzachse ist die Mitte. Die Zeilen flattern rhythmisch. Die Zeilenfolge ist z. B. kurz, lang, mittel, kurz. Eine Orientierung für den Satz der Zeilenfolge kann der Inhalt und der jeweilige Sinnzusammenhang sein. Trennungen sind bei dieser Satzart nicht zulässig. Mittelachsensatz findet sich bei lyrischen Gedichten, Headlines, Plakaten, Buchtiteln und ganzen Titelbögen, bei Urkunden und vergleichbaren Dokumenten.

Geh Wege,
die noch niemand ging,
damit du Spuren hinterlässt
und nicht nur Staub.

Antoine de Saint-Exupéry

3.6 Zeilenlänge

„Lesen heißt arbeiten" – ein alter Lehrsatz mit einem Kern Wahrheit für den Gestalter. Er sollte den Lesern, durch gute typografische Gestaltung, das Lesen, also das Arbeiten, so leicht wie möglich machen. Dazu gehören eine gut lesbare Schrift, die richtige Schriftgröße, die richtige Satzart, der richtige Zeilenabstand und auch die richtige Zeilenbreite.

Geübte Leser erfassen ganze Wortgruppen und Zeilenteile. Sie erkennen bekannte Wortmuster und bauen aus diesen einen Sinnzusammenhang auf. Voraussetzung für das Erkennen der Wortmuster und der sich automatisch bildenden Wort- und Satzzusammenhänge ist, dass Schriftgröße, Schriftart und Zeilenlänge in einem richtigen Verhältnis stehen. Dieses Verhältnis muss so sein, dass der Leser gleichzeitig mehrere Wörter, Zeilenanfänge und Zeilenenden erfassen kann.

Beim Beispiel mit einer Zeilenlänge von etwa 100 Buchstaben hat der Leser Orientierungsprobleme, die Fixation des Auges verliert in den langen Zeilen die notwendigen Bezugspunkte. Es fällt schwer, von einer Zeile zur nächsten zu wechseln, das Lesen wird erschwert.

Beim rechten unteren Beispiel mit etwa 50 Zeichen/Zeile stimmen Schriftgrad, Zeilenlänge und Buchstabenanzahl überein – eine gute Lesbarkeit ist gegeben, der Leser wird hier gerne auch längere Texte lesen.

Das links unten gezeigte Beispiel mit nur etwa 30 Zeichen/Zeile zeigt deutliche Blocksatzprobleme. Die Wortabstände sind zu groß, es entstehen optische Löcher im Satz, die Lesbarkeit wird dadurch deutlich verschlechtert. Das Auge muss vermehrt Fixationspunkte suchen, ermüdet dadurch schnell und der Leser verliert, ohne zu wissen warum, die Lust am Lesen.

Bei der Lesbarkeit von Texten spielt die Wahl der richtigen Schriftart eine wichtige Rolle, des Weiteren sind auch Faktoren wie Schriftgröße, Wortabstand, Zeichenabstand, Zeilenabstand, Satzart und Auszeichnungen zu berücksichtigen. Nehmen Sie sich also ausreichend Zeit, diese Festlegungen bewusst zu treffen, die Leser werden es Ihnen danken. Die Zeilenlänge sollte so groß gewählt werden, dass keine „Löcher" im Text entstehen, und so klein, dass der Leser mühelos von einer Zeile zur nächsten springen kann.

ca. 100 Zeichen/Zeile

Bei der Lesbarkeit von Texten spielt die Wahl der richtigen Schriftart eine wichtige Rolle, des Weiteren sind auch Faktoren wie Schriftgröße, Wortabstand, Zeichenabstand, Zeilenabstand, Satzart und Auszeichnungen zu berücksichtigen. Nehmen Sie sich also ausreichend Zeit für diese Festlegungen.

ca. 30 Zeichen/Zeile

Bei der Lesbarkeit von Texten spielt die Wahl der richtigen Schriftart eine wichtige Rolle, des Weiteren sind auch Faktoren wie Schriftgröße, Wortabstand, Zeichenabstand, Zeilenabstand, Satzart und Auszeichnungen zu berücksichtigen. Nehmen Sie sich also ausreichend Zeit, diese Festlegungen bewusst zu treffen, die Leser werden es Ihnen danken. Die Zeilenlänge sollte so groß gewählt werden, dass keine „Löcher" im Text entstehen, und so klein, dass der Leser den Zeilen folgen kann.

ca. 50 Zeichen/Zeile

3.7 Aufgaben

1 Leseverhalten kennen

Wie liest ein erfahrener Leser seinen Text und wie können Sie ihn dabei unterstützen?

2 Monospace-Schrift erklären

Erklären Sie, was man unter einer „Monospace-Schrift" versteht.

3 Bedeutung von Groß- und Kleinschreibung beschreiben

Beschreiben Sie, warum eine reine Groß- oder Kleinschreibung leseunfreundlich ist.

4 Bedeutung von Schriftmerkmalen kennen

Welche der beiden hier abgebildeten Schriften ist besser lesbar und warum?

a. Dies ist ein Beispieltext ohne weiteren Sinngehalt.

b. Dies ist ein Beispieltext ohne weiteren Sinngehalt.

5 Wahl der richtigen Schriftgröße

Welche Schriftgrade sind für folgende Einsatzzwecke geeignet?

Fußnoten: – pt

Fließtext: – pt

Überschriften: – pt

Plakate: über pt

6 Laufweitenänderungen und deren Anwendung kennen

Eine Änderung des Zeichenabstandes ist im Prinzip bei gutem Satz unzulässig – aber Ausnahmen sind doch möglich. Nennen und begründen Sie drei Situationen, in denen eine Laufweitenänderung gerechtfertigt ist.

1.

2.

3.

7 Unterschneidung gezielt einsetzen

Nennen Sie drei kritische Kombinationen aus Versal- und Kleinbuchstaben, bei denen, besonders bei großen Schriftgraden, eine Unterschneidung sinnvoll ist.

8 Laufweite und Kerning unterscheiden

Erklären Sie den Einsatz von Laufweite und Kerning.

Laufweite:

Kerning:

9 Kerning anwenden

Beschreiben Sie die notwendigen Kerningkorrekturen bei den folgenen Textbeispielen:

a. **Tanzkurs**

b. **ZFA**

c. **ANWALT**

10 Wortabstände richtig dimensionieren

Welche Regel gilt für die Festlegung des korrekten Wortabstandes?

11 Zeilenabstandsregeln wissen

Welche Einstellungen zum Zeilenabstand weisen sinnvollerweise die meisten Layout- und Grafikprogramme auf?

12 Satzarten benennen

Nennen Sie die sechs Satzarten.

1.

2.

3.

4.

5.

6.

13 Satzarten richtig anwenden

Nennen Sie je drei Beispiele für den Einsatz von Blocksatz und Flattersatz.

Blocksatz:

Flattersatz:

14 Zeilenlänge richtig wählen

Erklären Sie, warum besonders bei Blocksatz zu lange und zu kurze Zeilen den Lesefluss erschweren.

4.1 Schriftwirkung

Polaritätsprofile

Ausprägungsgrade innerhalb eines Polaritätsprofils für die Bewertung der Emotionalität von Schriften:
0 = Weder noch
1 = Mäßig
2 = Deutlich
3 = Besonders
(Ergebnis einer Befragung von 24 Personen)

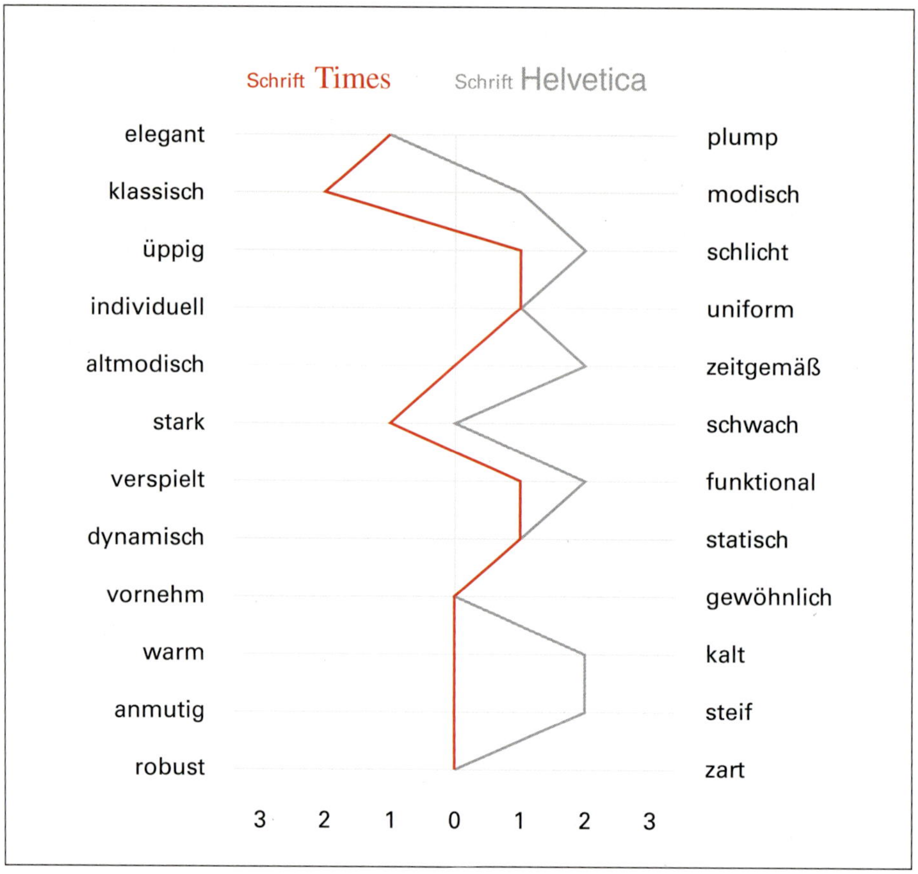

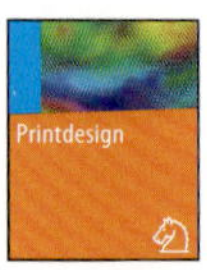

Die Anmutung von Schriften erlaubt eine Aussage darüber, für welche Produkte bestimmte Schriften sinnvollerweise verwendet werden. Im Idealfall gibt es eine Übereinstimmung von Schriftwirkung und Textaussage.

Welche Anmutung eine Schrift besitzt, lässt sich am besten durch eine Befragung von einer repräsentativen Personengruppe herausfinden. Die Versuchspersonen erhalten zu einer vorgelegten Schrift eine vorgegebene Liste mit gegensätzlichen Eigenschaftspaaren. Diese Polaritäten, wie z. B. warm – kalt, heiter – traurig u. Ä., werden in einem Formular aufgeführt und mit einer Prioritätenskala von sieben Stufen versehen. Zwischen den jeweiligen gegensätzlichen Eigenschaftspaaren müssen die Versuchsperson ihr Urteil zur jeweiligen Schrift abgeben. Ergebnisse solcher Befragungen sehen Sie auf diesen beiden Seiten abgebildet.

Oben ist das Polaritätsprofil der Schriften „Times" und „Helvetica" im Vergleich zu sehen. Interessant ist, dass die Schriften Times und Helvetica trotz des deutlich unterschiedlichen Aussehens in einigen Punkten gleich bzw. ähnlich eingestuft wurden. Die Schrift Helvetica wird aber als modischer, zeitgemäßer, kälter und steifer eingestuft.

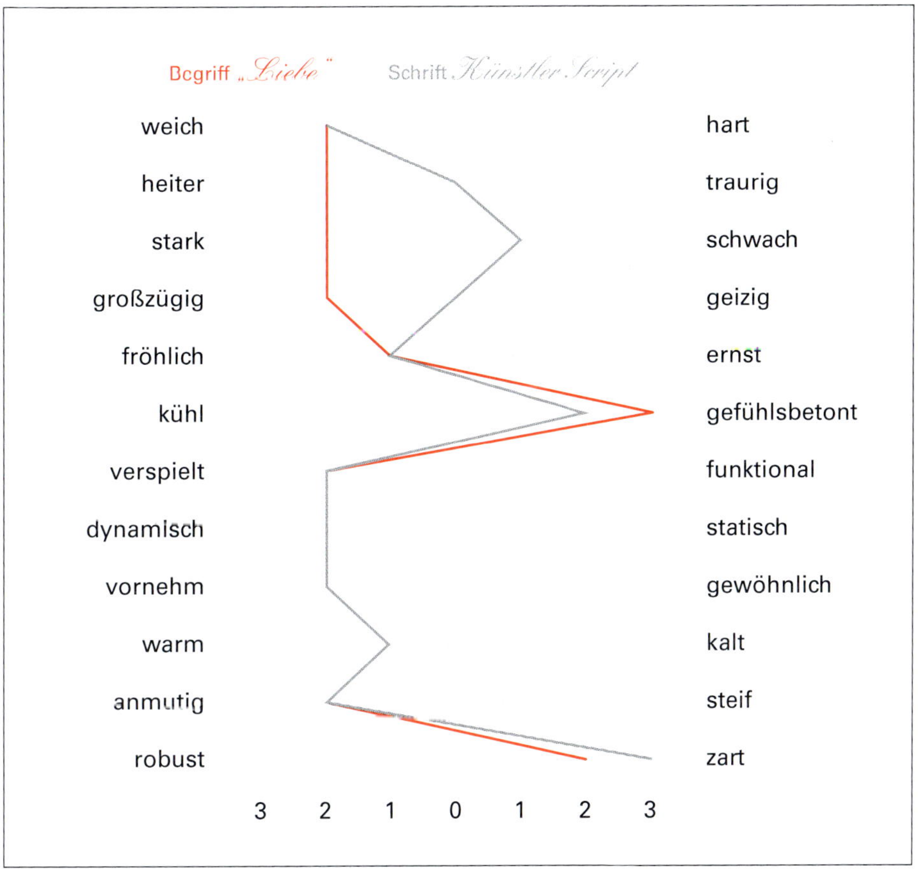

In dem oben abgebildeten Beispiel wurde die Schrift „Künstler Script" mit dem Begriff „Liebe" verglichen. Die Kurven verdeutlichen die Wirkung der Schreibschrift Künstler Script auf den Betrachter und die emotionale Anmutung des Begriffs Liebe. Interessant ist der Übereinstimmungsgrad der beiden Kurven.

Die Beispiele zeigen, dass die Schriften unterschiedliche Anmutungen besitzen und deshalb dafür verschiedene Verwendungsmöglichkeiten vorzusehen sind. Das Beispiel rechts unten zeigt Beispiele für passende Themen-Schrift-Kombinationen.

MODE	MUSEUM
Zeitung	Jubiläum
Diät	BAU
KINDER	Schule
Tod	Einladung
Gasthaus	Spiel
PaRTY	Bäcker

Themen-Schrift-Kombinationen

4.2 Schriftverwendung

Beispiel „Music meets Dance"

Die dünnen Versalien „tanzen" in den dicken Versalien. Die Titelzeilen wurden gesperrt, die Worte „zerfallen" in einzelne Buchstaben.

Allgemein gilt, dass eine Beziehung der Schriftform zum Inhalt des Textes die Vermittlung von Inhalten unterstützt und glaubwürdiger macht. Eine Schriftwahl kann sich auch von solchen Beziehungen distanzieren und allein die Funktion des Medienproduktes berücksichtigen. Dies ist beispielsweise beim Programmieren der Fall, da hier die Funktionalität im Vordergrund steht und die Gestaltung ohnehin keine Auswirkung hat.

Die Beziehung zwischen Inhalt und Form kann sehr unterschiedlich sein, das zeigen die dargestellten Beispiele. Die gewählte Schrift, die daraus resultierende Emotionalität und die erzielte Wirkung können klar übereinstimmen, nur angedeutet korrespondieren oder Schrift und Wirkung können vollkommen gegensätzlich sein. Die Schriftwahl versucht nach Möglichkeit, Textaussagen optisch zu unterstützen.

Weitere Aspekte bei der Schriftauswahl für eine Präsentation oder ein Medienprodukt können Alter, Bildungsstruktur und Interessen der Leser sein. Schriften können nach werblichen, didaktischen oder technischen Anforderungen ausgewählt werden.

Beispiel „Capri"

Die Buchstaben des Produktnamens „Capri" wirken dynamisch, verspielt und kraftvoll.

Beispiel „Garofalo"

Die Handschrift visualisiert Natürlichkeit und Handarbeit.

Beispiele „Panasonic" und „Kreativwettbewerb"

Links: Passend zum Produkt wurde eine technisch wirkende Schrift gewählt. Rechts: Passend zum Kreativwettbewerb, für den geworben wird, wurde eine Hand- und eine Schreibschrift verwendet.

Beispiel „Genuss"

In einer Kochzeitschrift wurde diese Kombination aus einer sehr dünnen und einer halbfetten Schrift verwendet. Gut zu sehen ist die Notwendigkeit von Kerning beim Schriftzug „Ein Duett".

Beispiele „Who's perfect." und „Zoo Heidelberg"

Hier sind typografische Gegensätze zu sehen, links eine plakative, gut lesbare, serifenlose Schrift, rechts eine verspielte, schwer lesbare Handschrift.

Beispiel „Becel"

Hier wurde eine schlanke Schrift für den Titel und eine Handschrift für die einzelnen Textelemente verwendet.

Wir alle lesen – meistens unbeschwert und mehr oder weniger schnell. Ihre persönliche Lesegeschwindigkeit ist abhängig davon, wie geübt Sie im Lesen sind und wie gut das Medienprodukt gestaltet wurde, das Sie gerade lesen. Gut gestaltete Informationen führen zu einer erfolgreichen Informationsvermittlung. Bei schlechter typografischer Gestaltung verliert der Leser die Lust am Lesen und nimmt die dargebotenen Informationen nicht wahr und verinnerlicht sie nicht. Vielleicht kennen Sie dieses Phänomen aus eigener Erfahrung.

Grundlage eines jeden Kommunikationsdesigns ist die Schrift und ihre Aussage. Durch ihre Formensprache und das sich daraus ergebende Erscheinungsbild drückt jede Schrift bereits etwas aus, gibt unbemerkt Einstellungen, wie z. B. Modernität oder Rückständigkeit, neben den Informationen zum Thema weiter.

Beispiele „Ipanema" und „Velux"

Links: Der natürliche Tragekomfort der Sandalen wird durch die Schriftwahl unterstützt.
Rechts: Typografische Nüchternheit und Klarheit, passend zum Produkt.

4.3 Schriftmischung

Schriften gut zu mischen ist schwer und unterliegt nur wenigen eindeutig feststehenden Regeln. Schriftmischung ist unter anderem auch abhängig von den Kenntnissen über schriftgeschichtliche Zusammenhänge und Schriftklassifikation. Hier einige grundlegende Regeln, um Ihnen die Schriftmischung zu erleichtern:

- Schriftschnitte einer Schriftfamilie **A** können jederzeit miteinander kombiniert werden. Prinzipiell ist dies keine Schriftmischung im eigentlichen Sinn, da die verschiedenen Schnitte einer Schriftfamilie gerade für den Zweck der Auszeichnung geschaffen wurden.
- Schriften mit gleichartigem Duktus **B** (ähnliche Linienführung und Strichstärke) und ähnlichen Proportionen lassen sich gut mischen, solange sie nicht aus der gleichen Gruppe der Schriftklassifikation nach DIN 16518 kommen.
- Antiquaschriften und Schreibschriften lassen sich kombinieren **C**, es sollte allerdings auf einen ähnlichen Duktus geachtet werden.
- Zwei gebrochene Schriften **D** sollten nicht miteinander kombiniert werden, auch wenn der Duktus gleich oder ähnlich ist, ihr Schriftcharakter ist stets zu ähnlich.
- Setzen Sie bei der Schriftmischung auf gut erkennbare Kontraste **E**. Wenn Schriften einen deutlichen Unterschied im Ausdruck aufweisen, lassen sie sich oftmals gut kombinieren. Kontraste erhöhen die Aufmerksamkeit und wirken auf den Leser interessant.
- Vermeiden Sie Schriftmischungen mit Schriften, die beide aus der gleichen Gruppe der Schriftklassifikation nach DIN 16518 kommen **F**. Diese Schriften sind sich meist zu ähnlich für eine Schriftmischung.

Damit Sie neben den auf dieser Seite visualisierten Regeln eine Vorstellung davon bekommen, wie sich Schriftklassen bzw. Schriftstile kombinieren lassen, sind auf der folgenden Doppelseite links einige Schriften mit ihrem Schriftaufbau bzw. Duktus gezeigt. Es werden für jede Schrift die verwendeten Grund- und Haarstriche in ihrer Stärke durch einzelne Linien dargestellt. Rechts auf der Doppelseite sind Schriftmischungen beispielhaft in mehreren Gegenüberstellungen zu sehen. Diese Mischungen orientieren sich am jeweiligen Schriftcharakter, der Schriftanmutung, den vorhandenen Strichstärken von Grund- und Haarstrichen sowie am Duktus der verwendeten Schriften. Vorhandene Strichstärken worden wiederum durch Linien verdeutlicht.

Beispiele zur Schriftmischung

(A) **Caecilia 85 Heavy**
Caecilia 55 Roman

(B) TheSans
TheSerif

(C) *Linotype Elisa*
Bauhaus

(D) **Wittenberger Fraktur**
Schwabacher

(E) **CAPITALS**
Daxline Pro

(F) Frutiger
Univers

Unterschiedliche Schriftklassen im Überblick

Schreibschriften	Weiblich, schwungvoll	Schreibschriften hinterlassen einen schwungvollen, dynamischen Eindruck. Der Schriftaufbau bzw. Duktus wechselt, ist aber durchweg eher fein.
Gebrochene Schriften	Antik, traditionell	Gebrochene Schriften weisen einen fett – feinen Duktus auf. Sie machen einen konservativen, bewahrenden Eindruck und erinnern an frühere Zeiten.
Serifenbetonte Schriften	Technisch, konstruiert	Serifenbetonte Schriften wirken eher technisch, können aber, wie hier, auch ein modernes Erscheinungsbild besitzen. Ihr Duktus weist meist nur eine Strichstärke auf.
Klassizistische Serifenschriften	Elegant, klassisch	Klassizistische Serifenschriften wirken ausgewogen, elegant und verwenden einen ausgeprägten und deutlichen fett – feinen Duktus.
Handschriftliche Schriften	Bewegt, persönlich	Handschriftliche Schriften haben ein bewegtes Schriftbild und wirken sehr persönlich. Der Duktus variiert im Schriftbild.
Serifenschriften	Ruhig, schlicht	Eine Serifenschrift wirkt ruhig, ausgeglichen und ist gut lesbar. Der Duktus variiert im Schriftbild.
Serifenlose Schriften	Modern, sachlich	Die serifenlosen Schriften weisen keine oder nur geringe Unterschiede in der Strichstärke auf, der Duktus ist gleichartig und die Gesamtwirkung ist ruhig, sachlich und modern.

Beispiele für Schriftmischungen

Weiblich	klassisch	Wirkung und Erscheinungsbild der beiden Schriften sind gegensätzlich. Der Duktus beider Schriften ist ähnlich – eine Mischung ist gut möglich.
Antik	klassisch	Beide Schriften wirken „alt" und historisch, sie besitzen aber einen guten Kontrast zueinander, daher ist eine Mischung gut möglich.
Technisch	sachlich	Die Schriften wirken von ihrem Charakter her ähnlich und dennoch sind sie unterschiedlich genug. Eine gelungene Schriftmischung.
Elegant	sachlich	Ein deutlicher Kontrast, jedoch mit Übereinstimmung in Duktus und Mittellänge. Eine gute, interessante Mischung.
Bewegt	konstruiert	Ruhe und Bewegung sind Gegensätze – und diese Gegensätze ergeben eine brauchbare Schriftmischung, die eine spannungsvolle Textgestaltung ermöglichen.
Ruhig	persönlich	Eine ruhige und eine persönliche Schrift, mit ähnlichem Duktus, aber gegensätzlicher Wirkung. Ein gelungener Kontrast.
Modern	schwungvoll	Eine sachlich moderne und eine schwungvolle, elegante Schrift sind echte Gegenpole und ergänzen sich in ihrer Wirkung – eine gute Mischung.

4.4 Auszeichnungen

Ein Fließtext wird üblicherweise – wie auch in diesem Buch – in einer einheitlichen Schriftart (hier: Univers) gesetzt, wobei auch ein einheitlicher Schriftschnitt (hier: 55 Roman) gewählt wird. Um Wörter oder auch Sätze vom Fließtext abzuheben, können „Auszeichnungen“ verwendet werden. Hier einige Beispiele:

Schwache, unauffällige, „leise“ Auszeichnungen:

- Verwendung eines *kursiven* Schriftschnittes (hier: Univers 55 Oblique)
- Verwendung von VERSALIEN
- Verwendung von Kapitälchen
- G e s p e r r t e Schrift
- Verwendung eines schmal laufenden Schriftschnittes (hier: Univers 57 Condensed)
- Verwendung einer Unterstreichung (Achten Sie bitte darauf, dass die Unterstreichung die Unterlängen nicht stört)
- Verwendung einer Schriftart mit ähnlichem Duktus (hier: Stempel Schneidler Medium)

Starke, auffällige, „laute“ Auszeichnungen:

- Verwendung eines **fetten** Schriftschnittes (hier: Univers 85 Extra Black)
- Verwendung einer anderen Farbe
- Verwendung einer negativen Schrift
- Verwendung einer Schriftart mit deutlich anderem Duktus (hier: Bello Pro Regular)
- Verwendung eines anderen Schriftgrades (hier: 11 statt 9 pt)

Neben den oben gezeigten Auszeichnungen durch die Nutzung anderer Schriften oder Schriftschnitte bieten viele Programme auch eine elektronische Schriftveränderung an, diese kann zu einer Veränderung der Strichstärken sowohl im horizontalen als auch im vertikalen Bereich einer Schrift führen. Elektronische Schriftveränderung ist typografisch unsauber und sollte vermieden werden. Daher sollte beim Einsatz von Auszeichnungen immer ein Originalschriftschnitt verwendet werden.

Negativbeispiele

Die Abbildung in dieser Spalte zeigt eine Reihe von elektronischen Schriftänderungen (**C**, **E**, **G**), die Ihnen verdeutlichen sollen, wie sich Schrift zu ihrem Nachteil ändert, wenn sie ausschließlich elektronisch modifiziert wurde. Zum Vergleich sehen Sie jeweils darüber die typografisch korrekte Variante (**B**, **D**, **F**).

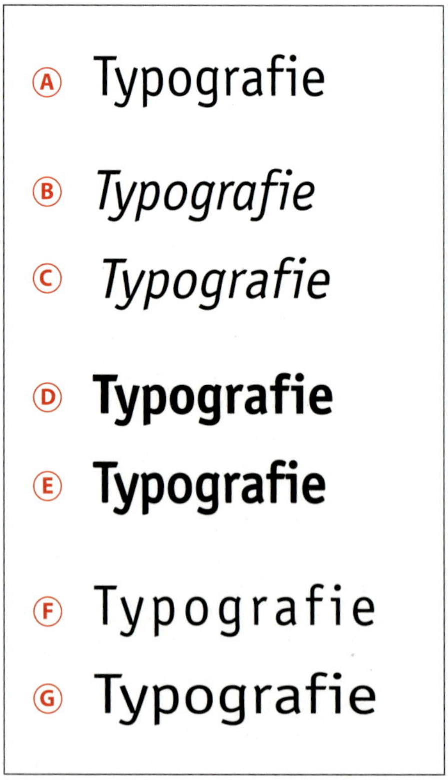

Schriftmanipulation

- A Officina Sans Book (unverändert)
- B Officina Sans Italic (unverändert)
- C Officina Sans Book kursiv verzerrt
- D Officina Sans Bold (unverändert)
- E Officina Sans Book mit Kontur (0,75 pt)
- F Officina Sans Book, Laufweite + 100 (sonst unverändert)
- G Officina Sans Book, Schriftbox horizontal gestreckt

4.5 Ornamente

Ein Ornament ist oft ein abstraktes oder abstrahiertes Muster. Man findet Ornamente z. B. als Verzierung auf Stoffen, Bauwerken, Tapeten, Büchern, individuellen Drucksachen, aber auch auf Internetseiten. Ornamente als Schmuck- und Gliederungselemente können gegenständlich sein oder z. B. aus Blumen- oder Tierbildern erstellt werden, sie können aber auch künstlerische Formen aufweisen oder sich an Stilrichtungen wie dem Jugendstil orientieren.

Die links beispielhaft abgebildeten Ornamente sind, wie andere auch, als Zeichensatz verfügbar. Die oberen Zeilen **A** sind aus dem Zeichensatz „Jugendstil Ornamente Regular" entnommen, die darunter **B** aus der „Bodonie Ornaments ITC". „LiebeTweet" **C** beinhaltet liebevoll gezeichnete „tierische" Ornamente. „Minion Pro" **D** und „Arno Pro" **E** enthalten floral anmutende Ornamente.

Der Vorteil von Ornamenten ist, dass sie oft in Kombination mit einer Schrift verfügbar sind, auf die sie aufgrund ihrer Strichstärken und Ihres Stils ideal abgestimmt sind und sich daher sehr gut damit kombinieren lassen. Unten sehen Sie zwei Gestaltungsbeispiele, die eine solche Kombination von Ornamenten und Text zeigen.

Einsatz von Ornamenten

Text und Ornamente aus der Schrift "Zapfino Extra LT Pro"

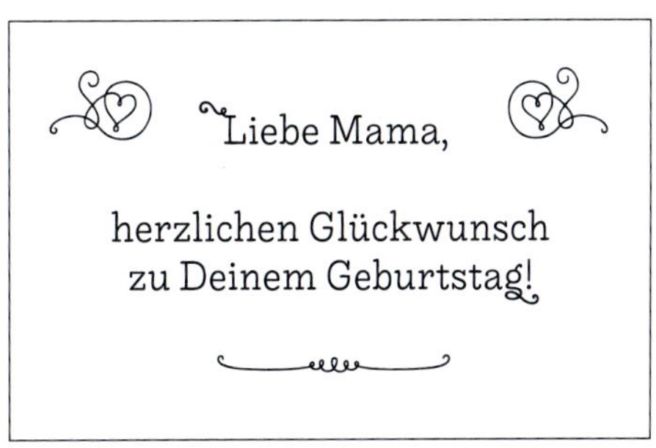

Einsatz von Ornamenten

Text in der Schrift "LiebeRuth", kombiniert mit Ornamenten aus der Schrift "LiebeOrnaments"

4.6 Glyphenverwendung

Alternativzeichen

A Schrift „Caflisch Script Pro"
B Schrift „Zapfino Extra LT Pro"

Je nach Schriftart variiert der Umfang an nutzbaren Zeichen. Alle diese Zeichen einer Schrift werden als „Glyphen" bezeichnet. Zu den Glyphen gehören unter anderem:

- Buchstaben
- Arabische Ziffern
- Satzzeichen
- Sonderzeichen
- Ligaturen
- Aufzählungspunkte
- Ornamente

In InDesign finden Sie die verfügbaren Glyphen eines Schriftschnittes unter *Fenster > Schrift und Tabellen > Glyphen.*

Neben der Möglichkeit, einzelne Glyphen z. B. als Aufzählungszeichen zu verwenden, bieten besonders professionelle Schreibschriften oft eine große Auswahl an Alternativzeichen. So können, wie in der Abbildung links zu sehen, Schriftzüge individuell gestaltet werden. Zuerst ist jeweils die automatische Variante abgebildet, darunter eine Variante, die manuell mit Alternativzeichen gesetzt wurde.

Wenn Sie in InDesign ein einzelnes Zeichen markieren, werden Ihnen immer die passenden, verfügbaren Alternativzeichen **D** eingeblendet:

Fenster „Glyphen" in InDesign

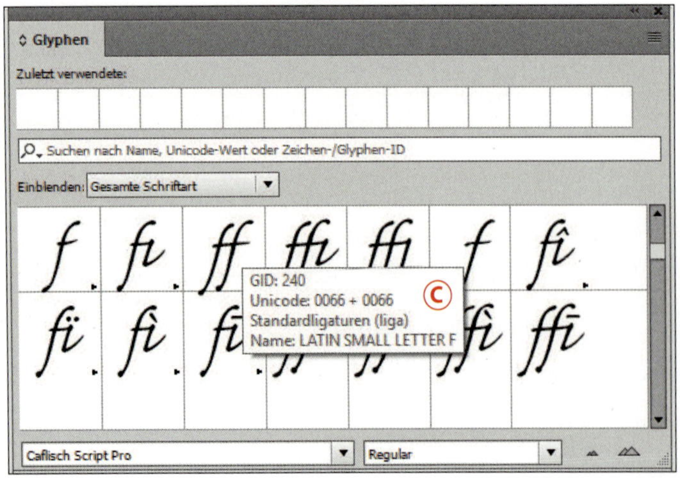

Im Fenster *Glyphen* werden Ihnen außerdem – wenn Sie mit der Maus über ein einzelnes Zeichen fahren – zusätzliche Informationen **C** eingeblendet:

- GID: Die GlyphID ist eine Nummer, die nur einmal pro Schriftschnitt vorkommt, mit ihr werden die Glyphen durchnummeriert.
- Unicode: Zeichenbenennung, die schriftartübergreifend das gleiche Zeichen ergibt, aber bei Alternativzeichen auch mehrfach vorkommen kann, z. B. steht der Code „00DF" für „ß".
- Name: Gibt Auskunft über Benennung und Art des Zeichens.

4.7 Fraktursatz

Ähnliche Zeichen
Besonders bei den Kleinbuchstaben gibt es einige Zeichen, die schwer zu erkennen sind, wenn Sie es nicht gewohnt sind, gebrochene Schriften zu lesen. Hier daher eine Übersicht:

Zeichen	entspricht	Zeichen	entspricht
𝔄	A	ℨ	Z
ℭ	C	𝔨	k
𝔖	S	ſ	s
𝔅	V	𝔳	v
𝔛	X	𝔶	y
𝔜	Y	𝔷	z

- Das kleine „k" (𝔨) unterscheidet sich vom „t" (𝔱) vor allem durch eine kleine Schlaufe rechts oben.
- Das „y" (𝔶) ähnelt dem „h" (𝔥), weist aber keine Oberlänge auf und ist im Gegensatz zum „v" (𝔳) unten offen.
- Das „f" (𝔣) unterscheidet sich vom langen „s" (ſ) durch den Querstrich.
- Das „v" (𝔳) unterscheidet sich vom „o" (𝔬) durch den Anstrich links.

Verwendung von „ſ", „s" und „ß"
Bei einer Frakturschrift wird der s-Laut durch die Zeichen „ſ" und „s" dargestellt. Dabei sind folgende Regeln zu beachten:

- Das lange „s" (ſ) steht immer im Anlaut **B** einer Silbe, also vor dem Selbstlaut, Umlaut oder Doppellaut. Beispiele: Pſalm, Rätſel, ſicher, Manu=ſkript.
- Auch wird das lange „s" (ſ) vor einem ausgefallenen stimmlosen „e", z. B. ich leſ' (ich lese), Verwechſlung (von Verwechselung) verwendet.
- Das lange „s" (ſ) kommt auch als „ſſ" und als „ſch" zum Einsatz.
- Das Schluss-„s" (s) steht hingegen immer am Ende eines Wortes **D** oder bei zusammengesetzten Wörtern auch am Ende eines Wortteils **A** oder am Ende einer Silbe.
- Das scharfe „s" (ß) wird regulär verwendet.

Ligaturen
Im Fraktursatz unterscheidet man zwischen Verbünden und Zwangsverbünden. Die Zwangsverbünde „ch", „ck", und „tz" **C** sind wie Einzelbuchstaben zu behandeln und werden nie aufgelöst. Eine Ausnahme bildet hier der Verbund „st", der zwar aufgelöst werden darf, aber nicht gesperrt wird. Daneben existieren die normalen Ligaturen **E**, wie „ff", „fi", „fl", „ft", „si", „ss" oder „st", die auch gesperrt werden dürfen.

Ⓐ Ⓑ Ⓒ
Dasſelbe wollte ihr Schatz nicht
Ⓓ
nochmals eſſen, ſo dass er mit
Ⓔ Ⓕ
dem Affen einen Apfel aß.

Einsatz von Frakturschriften
A „s" am Silbenende
B „s" am Silbenanfang
C Zwangsverbund „tz"
D Schluss-„s"
E Ligatur „ff"
F Scharfes „s"

4.8 Aufgaben

1 Schriftpolaritätsprofile kennen

Welche Informationen lassen sich aus einem Polaritätsprofil herauslesen, das für eine Schrift erstellt wurde?

2 Schrift thematisch auswählen

Welche der folgenden Schriften passt zu einem Opernhaus:

a. OPER FRANKFURT

b. OPER FRANKFURT

c. OPER FRANKFURT

d. OPER FRANKFURT

e. **OPER FRANKFURT**

Begründen Sie Ihre Wahl.

Gewählte Schrift:

Begründung:

3 Schrift thematisch auswählen

Welche der folgenden Schriften passt zu einer Pizzeria:

a. Pizzeria Rustica

b. Pizzeria Rustica

c. PIZZERIA RUSTICA

d. *Pizzeria Rustica*

e. Pizzeria Rustica

Begründen Sie Ihre Wahl.

Gewählte Schrift:

Begründung:

4 Regeln zur Schriftmischung kennen

Nennen Sie vier Regeln zur Schriftmischung.

1.

2.

3.

4.

5 Schriftmischung anwenden

Ordnen Sie der folgenden Schrift eine passende Schrift (a, b oder c) für eine Schriftmischung zu und begründen Sie Ihre Wahl:

Schrift-

a. -mischung

b. -mischung

c. -mischung

Gewählte Schrift:

Begründung:

6 Schriftmischung anwenden

Ordnen Sie der folgenden Schrift eine passende Schrift (a, b oder c) für eine Schriftmischung zu und begründen Sie Ihre Wahl:

Schrift-

a. -mischung

b. -mischung

c. -mischung

Gewählte Schrift:

Begründung:

7 „Leise" Auszeichnungen kennen

Nennen Sie sechs Beispiele für „leise" Auszeichnungen.

1.

2.

3.

4.

5.

6.

8 „Laute" Auszeichnungen kennen

Nennen Sie vier Beispiele für „laute" Auszeichnungen.

1.

2.

3.

4.

9 Elektronische Schriftveränderungen erkennen

Folgende Beispiele zeigen teils elektronisch erzeugte Auszeichnungen, teils „echte" Schriftschnitte. Entscheiden und begründen Sie, wo die Schrift elektronisch manipuliert wurde und wo nicht.

Helvetica Neue

a. Light

Elektronisch verändert?

Woran merken Sie das?

b. Extended

Elektronisch verändert?

Woran merken Sie das?

c. Condensed

Elektronisch verändert?

Woran merken Sie das?

d. **Black Condensed**

Elektronisch verändert?

Woran merken Sie das?

e. *Italic*

Elektronisch verändert?

Woran merken Sie das?

10 Begriff „Ornament" definieren

Definieren Sie den Begriff „Ornament".

11 Ornamentfunktionen erläutern

Erläutern Sie, welche Funktionen „Ornamente" in der Gestaltung wahrnehmen.

12 Glyphen erläutern

Beschreiben Sie, was man unter „Glyphen" versteht und wozu einzelne Glyphen genutzt werden können.

Erklärung:

Verwendung:

13 Besonderheiten beim Satz von Frakturschriften kennen

Beim Satz einer Frakturschrift gibt es die folgenden Besonderheiten zu beachten. Erläutern Sie jeweils an einem Beispiel, worum es dabei geht:

Ähnlichkeit von Zeichen:

Verwendung von „ſ":

Ligaturen:

5.1 Grundlagen

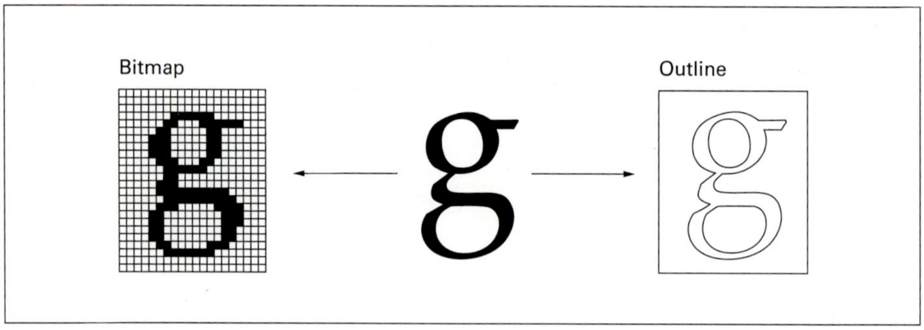

5.1.1 Bitmap-Fonts

Die grundlegende Idee zur digitalen Darstellung einer Schrift ist einfach: Für alle Pixel, die sich innerhalb der Buchstabenkontur befinden, wird eine binäre „1" gespeichert, alle Pixel außerhalb der Schriftkontur ergeben eine „0". Die so erstellte „Bit-Karte" hat dieser Art der digitalen Speicherung von Schriften den Namen gegeben: Bitmap-Font. (Der englische Begriff „Font" hat sich zur Bezeichnung von Schriften am Computer eingebürgert.)

Der Vorteil des Bitmap-Verfahrens ist, dass eine Schrift in Abhängigkeit vom Ausgabemedium relativ genau gerastert werden kann. Dies ist insbesondere für die Darstellung der Schrift an Displays wichtig, da diese teilweise eine geringe Auflösung besitzen und unsaubere Schriftdarstellung dadurch als störend (stufig, pixelig) empfunden wird. Der entscheidende Nachteil von Bitmap-Fonts ist, dass ein Skalieren dieser Zeichensätze nicht möglich ist. Insbesondere die Vergrößerung würde zu merklichen Qualitätsverlusten führen. Deshalb muss für jede gewünschte Schriftgröße ein eigener Zeichensatz erstellt werden – eine aufwändige und unflexible Methode. Dieser Nachteil ist der Grund dafür, dass Bitmap-Fonts heute praktisch keine Rolle mehr spielen. Lediglich auf Gerätedisplays, die nur eine fest eingestellte Schriftgröße benötigen, ist die Verwendung eines Bitmap-Fonts denkbar. Beispiel für ein Bitmap-Font-Format ist .fon von Microsoft.

5.1.2 Outline-Fonts

Die zweite Möglichkeit der digitalen Beschreibung von Schriften ist die mathematische Beschreibung der Schriftkontur (Outline). Mit Hilfe von *Bézierkurven* (Type-1-Fonts) bzw. *Splines* (TrueType-Fonts) lassen sich beliebige Konturen formelmäßig beschreiben und als digitaler Datensatz abspeichern.

Es leuchtet ein, dass zur Darstellung derartiger Daten eine Software notwendig ist, die aus der mathematischen Beschreibung der Buchstaben deren Konturen berechnet. Dieser Vorgang wird als *Rasterung* bezeichnet und entspricht dem Öffnen einer Vektorgrafik in einer Bildbearbeitungssoftware wie Photoshop.

Da sich die großen Softwarehersteller Microsoft und Adobe auf keinen gemeinsamen Weg einigen konnten, existieren bis heute zwei Technologien: *TrueType* von Microsoft und *Type 1* von Adobe. Während zur Darstellung von Adobes Type-1-Fonts früher eine spezielle Software (Adobe Type Manager) notwendig war, können heutige Windows- und Apple-Betriebssysteme sowohl TrueType- als auch Type-1-Fonts ohne Zusatzsoftware darstellen.

Die von Microsoft und Apple mit dem Ziel der Vereinheitlichung gemeinsame Weiterentwicklung von TrueType und Type 1 heißt „OpenType".

5.1.3 Rasterung (Rendering)

Zur Darstellung einer Schrift im Druck oder auf einem Display muss diese in Druckpunkte bzw. Pixel umgerechnet werden. Dieser Vorgang wird als Rasterung oder Rendering bezeichnet. Die Qualität der Schriftdarstellung hängt dabei maßgeblich von der *Ausgabeauflösung* ab.

Die Grafik zeigt am Beispiel der Druckschrift „Palatino", dass hierbei die im Vergleich zur Druckauflösung meist geringere Displayauflösung dazu führt, dass alle Feinheiten der Schrift und damit ihr Charakter verloren gehen. Die Konsequenz hieraus ist, dass sich viele Schriften, z. B. Schreibschriften, feine Schriften, kursive Schriften, für Displays mit geringer Auflösung nicht eignen. Auf diesen Displays lassen sich also nur Schriften verwenden, die an das relativ

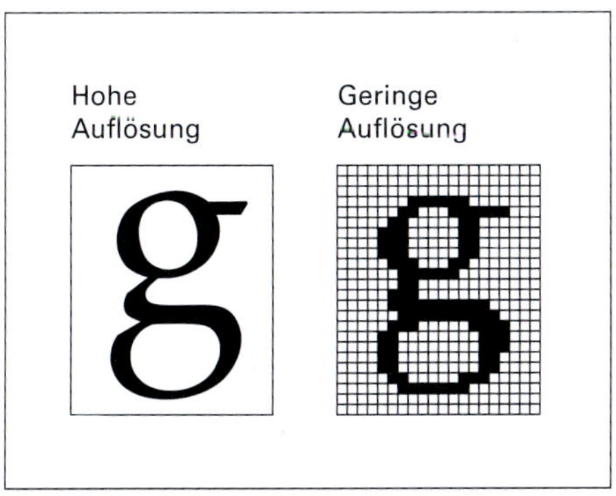

Gegenüberstellung der Druck- und Displaydarstellung

grobe Raster angepasst wurden. Um die Schriftdarstellung am Display weiter zu verbessern, werden zusätzliche Maßnahmen getroffen:

- Hinting
- Anti-Aliasing
- Subpixel-Rendering

Der Trend geht eindeutig zu Displays mit höheren Auflösungen, sowohl am Arbeitsplatz wie auch an mobilen Endgeräten (teils bereits über 400 dpi). Solange jedoch weiterhin vor allem Arbeitsplätze mit Displays ausgestattet sind, die eine geringe Auflösung besitzen, ist diese Probematik besonders für das Webdesign weiterhin relevant.

Hinting

Wie oben beschrieben ist die Darstellung einer Schrift bei einer geringen Auflösung nicht exakt möglich. Aufgabe des Hintings ist die Optimierung von Schriften insbesondere für die Verwendung am Display. Dabei darf der Charakter der Schrift nicht verloren gehen. Ein wesentliches Merkmal einer

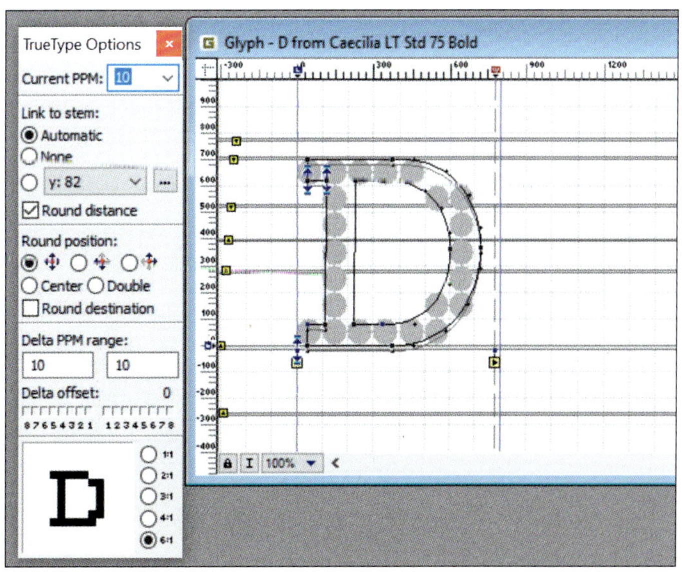

Hints

Darstellung eines Buchstabens in „FontLab Studio". Die gewünschte Auflösung wird in ppm (pixel per em) eingegeben. Links unten ist die Vorschau zu sehen.

mittels „Hints" optimierten Schrift ist, dass die senkrechten oder waagrechten Linien in Buchstaben wie bei I, T, H oder L immer mit der gleichen Anzahl an Punkten bzw. Pixeln dargestellt werden. Weiterhin müssen die gemeinsamen Merkmale einer Schrift, zum Beispiel ihre Serifen, einheitlich gehandhabt werden. Hints sind keine automatischen Anweisungen an den Type-1- bzw. TrueType-Rasterizer. Sie müssen vom Schriftenhersteller mit Hilfe von Spezialsoftware definiert werden. Ein Beispiel für eine derartige Software ist Fontlab (www.fontlab.com). Gutes Hinting ist sehr aufwändig und stellt ein Qualitätsmerkmal einer Schrift dar. Ab einer Auflösung von 600 dpi sind Hints nicht mehr nötig, da dann genügend Punkte zur Wiedergabe der Buchstaben-Outlines vorhanden sind.

Anti-Aliasing

Vor allem schräge Linien und Rundungen wirken am Display manchmal pixelig und unruhig. Mit Hilfe von Anti-Aliasing wird eine Kantenglättung der Schriftkonturen erzielt, indem zusätzliche Pixel ergänzt werden, die eine Mischung aus Schrift- und Hintergrundfarbe erhalten. Bei schwarzer Schrift auf weißem Hintergrund also graue Pixel. Die (scheinbare) Glättung der Schriftkontur wird dadurch erreicht, dass unser Auge die pixelige Kontur nicht mehr wahrnehmen kann. Nachteilig ist, dass die hinzugefügten Pixel zu einer Weichzeichnung führen, und die Schrift an Kontrast und Schärfe verliert. Dies wirkt sich insbesondere bei kleinen Schriftgraden unter zehn Pixel störend auf die Lesbarkeit aus.

Subpixel-Rendering

Jedes Pixel besteht aus mehreren „Subpixeln" in den Farben der additiven Farbmischung Rot, Grün und Blau. Der „Trick" zur Glättung von Schriften an Displays besteht darin, die Subpixel unterschiedlich stark anzusteuern, so dass sich an den Buchstabenkonturen eine Kantenglättung ergibt. Nachteil dieses Verfahrens ist, dass sich die Farbe des Pixels verändert und es daher zu Farbsäumen kommen kann.

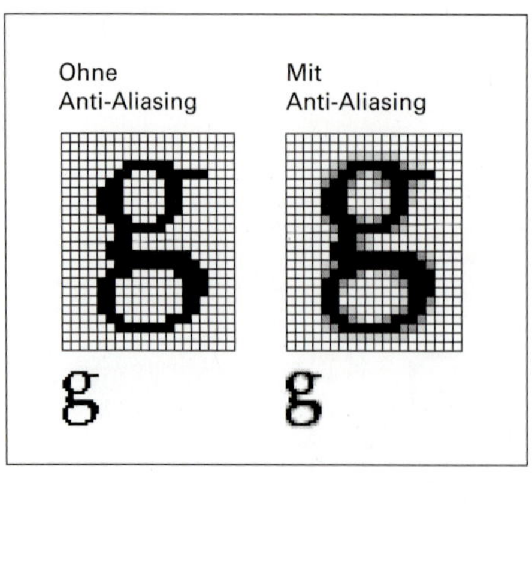

Anti-Aliasing
Anti-Aliasing führt zu einer Glättung der pixeligen Darstellung schräger oder runder Linien.

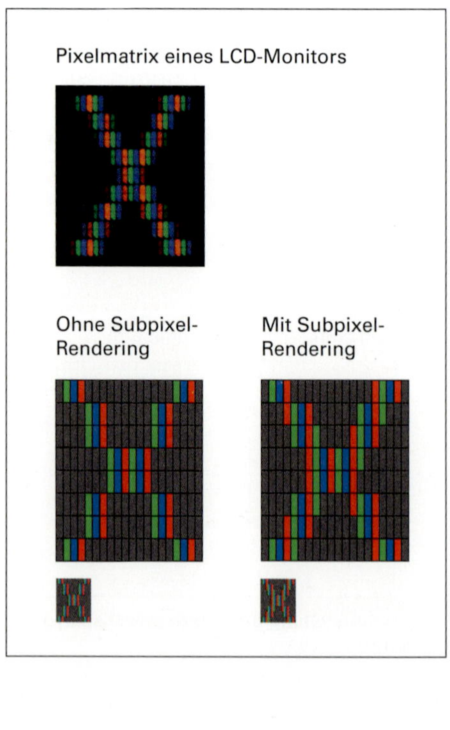

5.2 Fontformate

	Type-1-Fonts		TrueType-Fonts	OpenType-Fonts
Dateiendung	.PFB + .PFM	.LWFN + .FFIL	.TTF	.TTF/.OTF
Codierung	ASCII	ASCII	ASCII	Unicode
Zeichenanzahl	256	256	≤ 65 536	≥ 65 536
Geeignet für Windows	x		x	x
Geeignet für macOS		x	x	x

Fontformate im Vergleich

5.2.1 Type-1-Fonts

Wie im vorherigen Kapitel erläutert, handelt es sich bei Type-1-Fonts um Schriftzeichensätze, deren Konturen (Outlines) mit Hilfe der mathematischen Bézierkurven-Technik definiert werden. Zur Darstellung der Schrift auf einem Display oder zum Ausdruck muss die Schrift zunächst in der benötigten Ausgabeauflösung gerastert werden.

Aufgrund der vektoriellen Beschreibung der Schriften sind Type-1-Fonts frei skalierbar, können also in jeder beliebigen Größe dargestellt oder ausgedruckt werden. Zur Verbesserung der Qualität bei geringer Auflösung – insbesondere zur Darstellung auf Displays – kommt die im vorherigen Kapitel beschriebene Hinting-Technik zum Einsatz. Diese gewährleistet ein gleichmäßiges Schriftbild. Ein großer Nachteil der PostScript-Schriften ist die Beschränkung auf maximal 256 Zeichen pro Zeichensatz. Hier sind die 16-Bit-Formate TrueType bzw. OpenType überlegen. Type-1-Fonts stammen ursprünglich von Adobe. Die Schrifttechnologie war anfangs geheim und verschlüsselt, denn Adobe wollte mit Lizenzgebühren Geld verdienen. Wegen des erfolgreichen Konkurrenzproduktes „TrueType" musste Adobe seine Produktpolitik ändern und lüftete alle Geheimnisse über PostScript-Schriften. Seither können PostScript-Schriften unter Windows und macOS ohne zusätzliche Software verwendet werden.

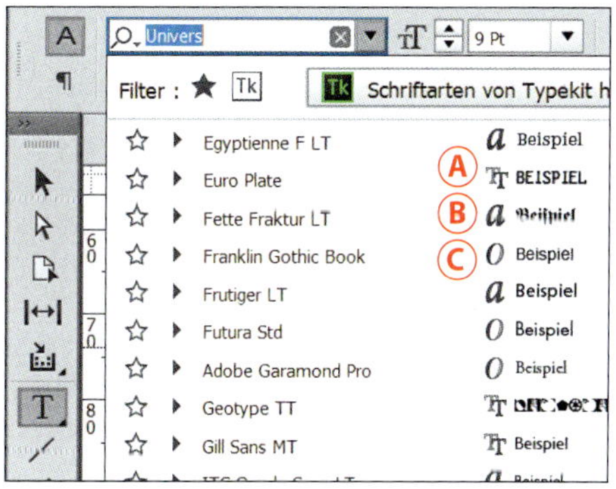

Schriften bei InDesign

Das Icon verrät das Fontformat:
- A TrueType
- B Type 1
- C OpenType

Leider sind Type-1-Fonts nicht plattformunabhängig, so dass ein Austausch der Schriften zwischen Apple- und Windows-Computern nicht ohne Konvertierung möglich ist.

Type-1-Fonts unter Windows

Zur vollständigen Beschreibung einer Type-1-Schrift unter Windows werden zwei Dateien benötigt:

- *PFB (Printer Font Binary)*
  Daten zur Beschreibung der Schrift-Outlines

- *PFM-Datei (Printer Font Metric)*
  Alle metrischen Angaben zur Schrift wie Laufweite oder Kerning

Type-1-Fonts unter macOS
Auch unter Apple sind für Type-1-Schriften zwei Dateien erforderlich:

- *LWFN-Datei (LaserWriter Font)*
  Datei mit den PostScript-Outlines
- *FFIL-Dateien* (Font Suitcase)
  Datei mit allen weiteren Informationen über eine Schrift

5.2.2 TrueType-Fonts

„TrueType" ist die Antwort von Microsoft und Apple auf die Produktpolitik und Geheimniskrämerei um Adobes Type-1-Schriften. Technologisch unterscheiden sich TrueType- von Type-1-Fonts dadurch, dass zur Beschreibung der Schrift-Outlines keine Bézierkurven, sondern sogenannte Splines verwendet werden. Aufgrund der Einsetzbarkeit auf unterschiedlichen Betriebssystemen und der von vornherein offengelegten Schriftcodierung sind TrueType-Fonts heute in großer Zahl im Einsatz.

Lassen Sie sich durch die zahllos angebotenen kostenlosen Fonts aber nicht täuschen: Bei TrueType-Fonts gibt es große qualitative Unterschiede, was insbesondere bei der Belichtung und im Druck immer wieder zu Schwierigkeiten führen kann. Bei der Verwendung von TrueType-Fonts muss darauf geachtet werden, dass die Schrift von namhaften Herstellern stammt. Qualitätsunterschiede sind auch daran erkennbar, dass nicht alle TrueType-Fonts mit den für geringe Ausgabeauflösungen erforderlichen Hints ausgestattet sind.

Abgesehen von den oben erwähnten möglichen Problemen bieten TrueType-Fonts eine Reihe von Vorteilen:

- TrueType-Fonts basieren auf 16-Bit-Unicode, mit dem – im Unterschied zu 256 Zeichen bei Type-1-Fonts – 65 536 Zeichen pro Zeichensatz codiert werden können.
- Sowohl unter Windows als auch unter macOS ist lediglich eine Datei erforderlich. Die Schriftverwaltung wird hierdurch einfacher und übersichtlicher als bei Type-1-Schriften.
- TrueType-Schriften für Windows können unter macOS genutzt werden und umgekehrt.

5.2.3 OpenType-Fonts

Dass sich Zusammenarbeit lohnt, bewiesen Microsoft und Adobe, die 1996 mit „OpenType" eine Weiterentwicklung und Vereinigung von Type-1- und TrueType-Fonts vorstellten.

- Ein OpenType-Font kann entweder PostScript- oder TrueType-Outlines enthalten, entsprechend existieren zwei Dateiendungen OTF (PostScript) bzw. TTF (TrueType).
- OpenType vereint die Vorteile von PostScript und TrueType: Alle fontmetrischen Angaben sind (wie bei TrueType) in einer Datei enthalten, so dass keine zweite Datei notwendig ist.
- Eine wesentliche Neuerung gegenüber Type-1-Schriften ist die Verwendung von Unicode. Da es sich um einen Code mit 16 Bit (oder mehr) handelt, sind mindestens 65.536 Zeichen pro Zeichensatz möglich. Insbesondere für Sonderzeichen oder für asiatische Sprachen mit großem Alphabet bzw. Silbenvorrat stellte die Beschränkung auf acht Bit (256 Zeichen) ein großes Problem dar.
- Ein weiterer Vorteil von OpenType ist die plattformunabhängige Einsatzmöglichkeit der Schriften unter macOS und Windows.

5.2.4 Webfonts

Für Webdesigner ist es ungünstig, wenn die verwendeten Schriften im Betriebssystem installiert sein müssen. Denn dies müsste dann auf allen Computern der Fall sein, auf denen die Website betrachtet wird. Früher war es deshalb erforderlich, auf die wenigen Systemschriften zuzugreifen, die standardmäßig auf *jedem* Computer installiert sind.

Die Idee von Webfonts besteht nun darin, Schriften zu verwenden, die *nicht* installiert werden müssen, sondern von einem Webserver geladen werden. Auf diese Weise entfällt die Abhängigkeit vom Betriebssystem.

Zwar werden die Fontformate TTF und OTF von allen aktuellen Browsern unterstützt, dennoch werden meist spezielle Webfont-Formate genutzt. Dies hat einerseits den Grund, dass so Ladezeit gespart werden kann, andererseits kann ein Webfont-Format nicht auf einem Computer installiert werden und ist so bezüglich Lizenzrechten sicherer. Das wichtigste Webfont-Format ist aktuell sicherlich WOFF, da es von allen aktuellen Browsern unterstützt wird. Bei WOFF handelt es sich um ein Containerformat, das TrueType- oder OpenType-Schriften einbettet und komprimiert.

Weitere Fontformate, die sich für den Einsatz auf Webseiten eignen, sehen Sie unten in der Tabelle aufgelistet. Wichtig ist immer, die Kompatibilität eines Formates zu prüfen, meist werden Alternativdateien hinterlegt, falls der Browser ein Format nicht erkennt.

WOFF2 ist eine Weiterentwicklung von WOFF. Der wesentliche Vorteil des Formates WOFF2 liegt in der reduzierten Dateigröße (Reduktion um ca. 20%), die durch eine bessere Kompression erreicht wird.

Natürlich muss – wie im Printbereich auch – beachtet werden, dass auch für Schriften eine Nutzungslizenz erforderlich ist. Es gibt jedoch auch Anbieter mit Open-Source-Fonts, die Sie lizenzfrei verwenden dürfen, z. B. Google Fonts, siehe unter fonts.google.com. Bei kostenlosen Webfonts wird jedoch oftmals aus Kostengründen auf das Hinting verzichtet, was die Buchstaben unscharf erscheinen lässt.

Webfont-Anbieter

Eine Übersicht über die Anbieter von Webfonts finden Sie unter: webfontsanbieter.de

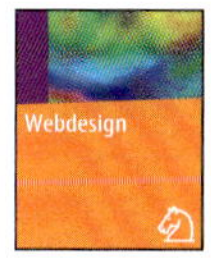

	.TTF/.OTF	.WOFF	.WOFF2	.EOT	.SVG
Internet Explorer	9 (teilweise)	9		6	
Edge	12	12	14		
Firefox	3.5	3.6	39		
Chrome	4	5	36		
Safari	3.1	5.1	10		3.2
Opera	10.1	11.5	23		
iOS Safari	4.3	5.1	10.1		3.2
Android-Browser	2.2	4.4	51		
Blackberry-Browser	7	7			7
Samsung Internet	4	4	4		4
IE Mobile	10 (teilweise)	10			

Browserkompatibilität von Webfont-Formaten

Angegeben ist jeweils die Version, ab der das Format unterstützt wird (Stand: 01/2017).

5.3 Schriftverwaltung

5.3.1 macOS

Da Schriften an unterschiedlichen Stellen abgelegt werden (können), ist die Schriftverwaltung bei Apples Betriebssystem macOS nicht gerade selbsterklärend. Außerdem besteht die Gefahr, dass doppelt vorhandene Zeichensätze zu Fehlern führen.

Speicherorte für Schriften
Bei macOS sind folgende Speicherorte für Schriften möglich:

- Systemschriften sind unter *System > Library > Fonts* gespeichert. Sie stehen allen Benutzern zur Verfügung und dürfen keinesfalls gelöscht werden. Anwenderschriften haben an dieser Stelle nichts verloren.
- Ebenfalls allen Benutzern zur Verfügung stehen die lokalen Schriften, die unter *Library > Fonts* abgelegt werden. Sie sind für das Betriebssystem nicht zwingend erforderlich.
- Jedem Benutzer steht unter *Benutzer > Benutzername > Library > Fonts* ein „privates" Schriftverzeichnis zur Verfügung, auf das nur er selbst zugreifen kann.
- Wenn Sie Ihren Mac im Netzwerk betreiben, steht unter *Netzwerk > Library > Fonts* ein weiteres Verzeichnis zur Verfügung, auf dessen Schriften alle Nutzer des Netzwerkes zugreifen können.
- Einige Applikationen legen ein eigenes Schriftverzeichnis an. So finden Sie unter *Library > Application Support > Adobe* alle Schriften, die zusammen mit den Adobe-Programmen installiert werden. Logischerweise greifen auf diese Schriften auch nur Adobe-Applikationen zu, so dass beispielsweise in QuarkXPress diese Schriften nicht zur Verfügung stehen.

Hierarchie der Schriftnutzung
Welche Schriftdatei wird verwendet, wenn diese an mehreren Orten abgelegt wird? Das Betriebssystem sucht in folgender Reihenfolge nach einer gewünschten Schrift:

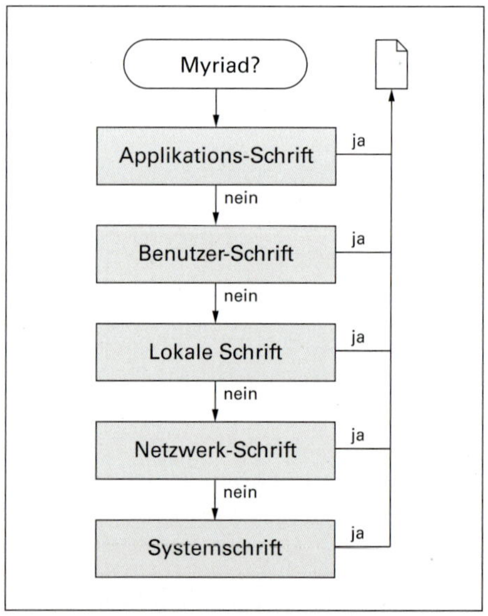

Die gezeigte Hierarchie macht die Schriftverwaltung zwar flexibel, birgt

Schriftsammlung

Das gelbe Ausrufezeichen warnt vor doppelt installierten Schriften.

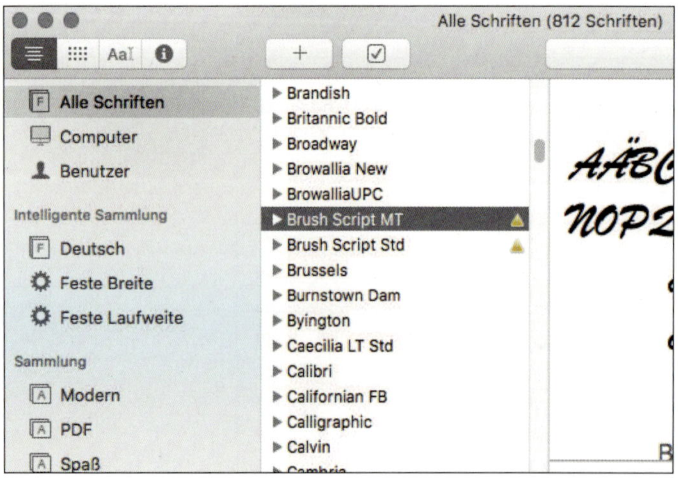

aber andererseits die Gefahr, dass nicht die gewünschte Schrift verwendet wird. Wenn Sie beispielsweise eine Schrift im lokalen Schriftordner ablegen, wird diese nicht gefunden, wenn sich eine gleichnamige Datei im Benutzerverzeichnis befindet. Zur Schriftverwaltung Ihres Macs sollten Sie prüfen, welche Schriften wo installiert sind, und doppelte Schriften löschen.

Schriftsammlung
Kostenloser Bestandteil des Betriebssystems macOS ist eine kleine Software namens *Schriftsammlung*. Sie stellt alle Grundfunktionen zur Verwaltung von Schriften bereit.

5.3.2 Windows 10

Im Vergleich zu macOS ist die Schriftorganisation und -verwaltung am Windows-PC denkbar einfach. In sämtlichen Betriebssystemvarianten befinden sich die Schriften im Systemverzeichnis *C:\Windows\Fonts*. Um Schriften zu installieren, benötigen Sie Administratorrechte.

Sie können in diesem Verzeichnis Schriften hinzufügen oder löschen **A** und sich eine Vorschau der Schrift anzeigen lassen **B**. Windows ermöglicht darüber hinaus, Schriften ein- oder auszublenden **C** – was man schon als Mini-Schriftverwaltung bezeichnen kann.

5.3.3 Schriftverwaltungsprogramme

Wenn Sie mit vielen und ständig wechselnden Schriften arbeiten, sollten Sie sich nach einer geeigneten Schriftverwaltungssoftware umsehen.

Bessere Programme erkennen doppelte Schriften und ermöglichen teilweise sogar die Reparatur defekter Zeichensätze.

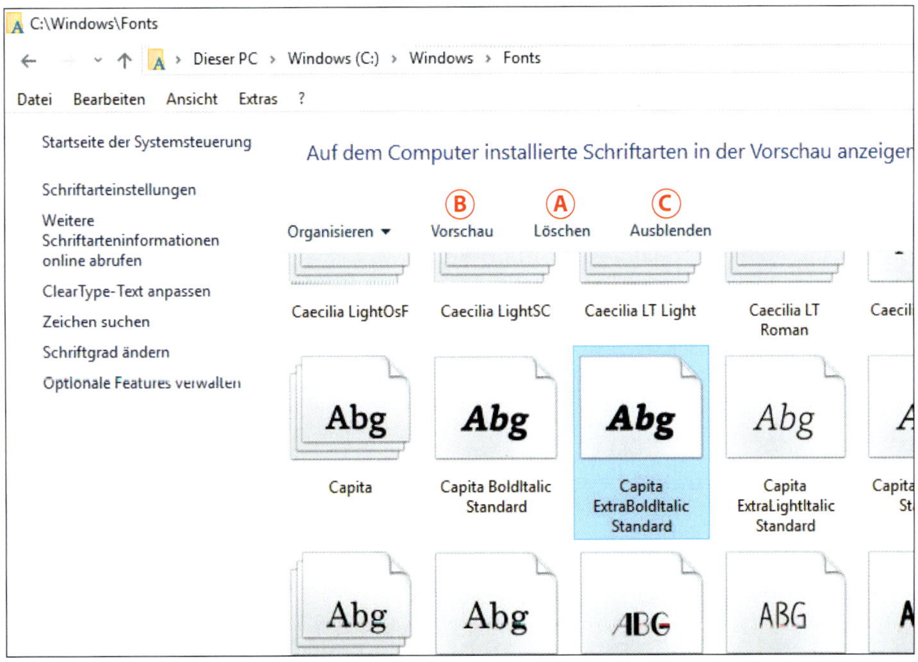

Schriftverwaltung unter Windows
Die Windows-Schriftverwaltung ermöglicht es, Schriften hinzuzufügen, zu löschen, ein- oder auszublenden und sich eine Vorschau anzeigen zu lassen.

FontExplorer X Pro

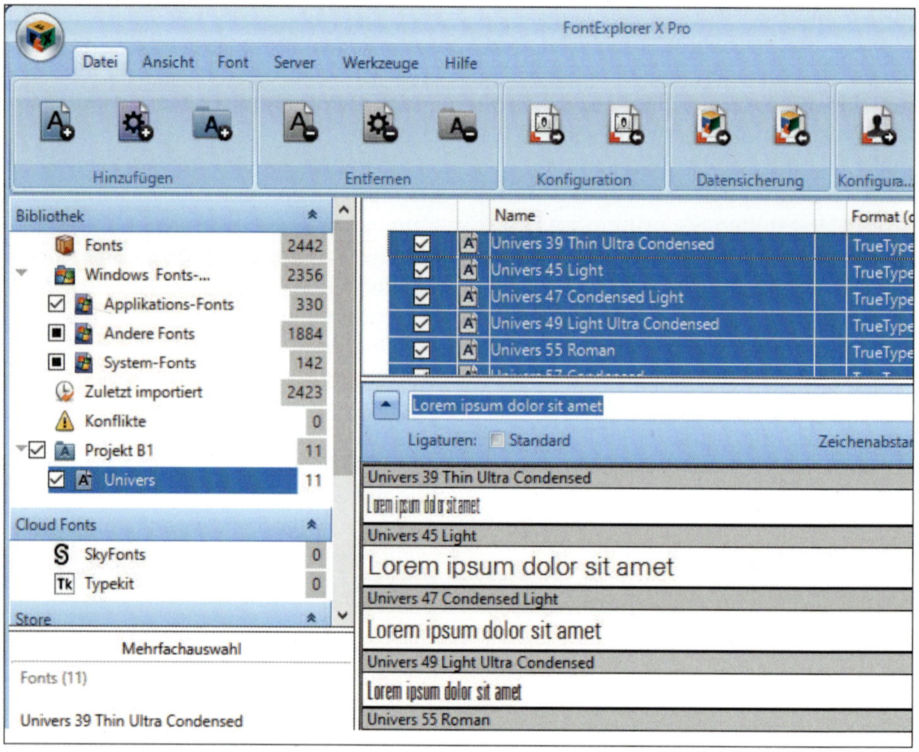

FontExplorer X Pro
Der FontExplorer X Pro ist zwar nicht kostenlos, aber dafür wesentlich umfangreicher als die Schriftverwaltung von Windows oder macOS. Sie können eine Demoversion unter www.fontexplorerx.com herunterladen, eine Lizenz kostet derzeit 89 Euro. Das Programm analysiert alle im System installierten Schriften, findet Duplikate und löscht diese bei Bedarf. Interessant sind auch die Plug-ins für InDesign, InCopy, Illustrator, Photoshop und QuarkXPress, die dafür sorgen, dass beim Öffnen einer Datei die benötigten Schriften automatisch aktiviert werden.

Suitcase Fusion
Suitcase Fusion ist für macOS und Windows erhältlich und stellt die beim FontExplorer X aufgezählten Funktionen ebenfalls bereit. Sie können auch von Suitcase Fusion eine Demoversion herunterladen (www.extensis.com) und 30 Tage lang testen, die Vollversion des Programms kostet derzeit etwa 120 Dollar.

Adobe Typekit
Seit 2011 bietet Adobe mit Typekit einen Abonnementdienst für Schriften an zur Verwendung in Desktop-Programmen und auf Websites.

Das Typekit-Abo ist Teil eines Creative-Cloud-Abonnements und erlaubt den Zugriff auf eine Auswahl von vielen Schriftanbietern. Schriften können auf der Webseite typekit.com ausgewählt und dann mit Hilfe der Creative Cloud synchronisiert oder im Web verwen-

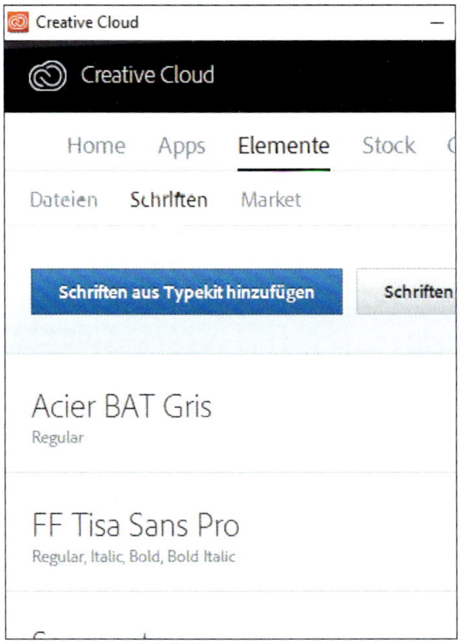

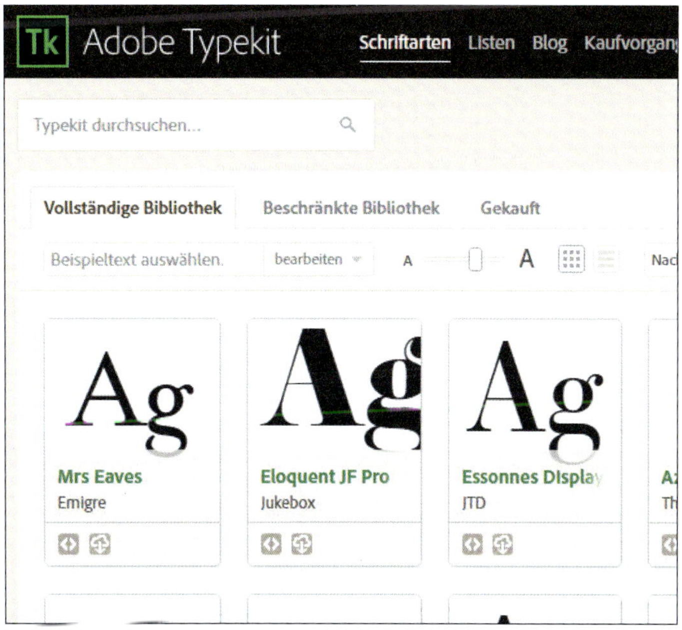

det werden. Synchronisierte Schriften können in allen Creative-Cloud-Applikationen wie Photoshop und InDesign sowie in sonstigen Desktop-Applikationen wie Microsoft Word genutzt werden. Die Synchronisation der Schriften wird über die Creative Cloud durchgeführt.

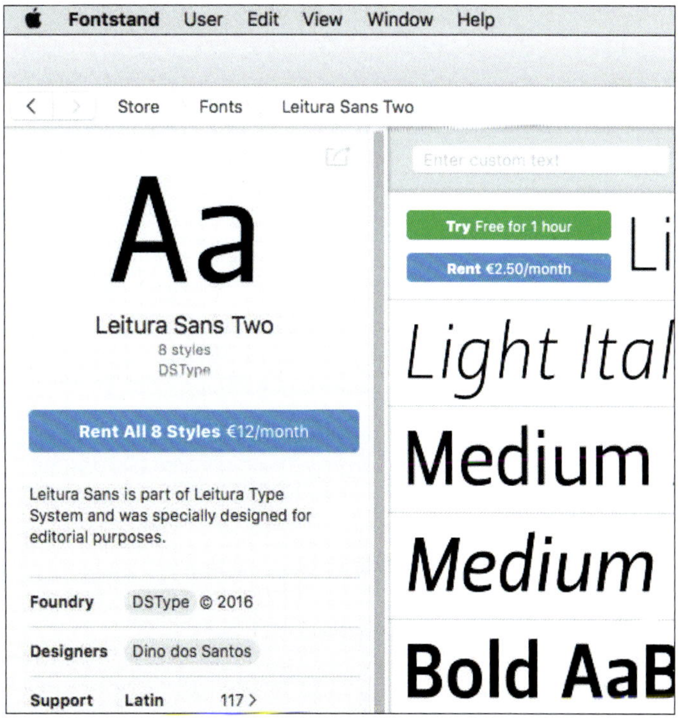

Fontstand

Fontstand ist eine macOS-Anwendung, die es möglich macht, auf eine neue Art und Weise Schriften für Desktop-Programme zu lizenzieren. Seit 2016 besteht die Möglichkeit, Schriftarten von Fontstand (fontstand.com) zu einem relativ geringen Preis für den Desktop-Einsatz monateweise zu mieten.

Über die Software ist es möglich, Schriften sogar kostenlos für 1 Stunde in den eigenen Projekten zu testen. Wenn eine Schrift ein ganzes Jahr gemietet wurde, ist die Schrift „abbezahlt" und der Nutzer erhält die Nutzungsrechte dauerhaft.

5.4 Aufgaben

1 Unterschiede zwischen Bitmap- und Outline-Fonts beschreiben

Beschreiben Sie den wesentlichen Unterschied zwischen einem Bitmap- und einem Outline-Font.

2 Schriftdarstellung bei unterschiedlichen Auflösungen vergleichen

Erklären Sie aus technischer Sicht, weshalb die Darstellung von Schriften am Display im Vergleich zum Druck problematisch sein kann.

3 Maßnahmen zur Verbesserung der Schriftdarstellung kennen

Nennen und erläutern Sie die drei Maßnahmen, die zur Verbesserung der Schriftdarstellung am Display getroffen werden.

1.

Erläuterung:

2.

Erläuterung:

3.

Erläuterung:

4 Fontformate kennen

Nennen Sie die drei wichtigsten Typen von Fontformaten.

1.

2.

3.

5 Vorteile von OpenType-Fonts kennen

Nennen Sie drei Vorteile des OpenType-Font-Formates.

1.

2.

3.

6 Webfonts kennen

a. Erläutern Sie die technische Problematik, die es beim Einsatz von Schriften im Internet zu bewältigen gilt.

b. Nennen Sie Fontformate, die als Webfonts verwendet werden können.

c. Welches Webfont-Format würden Sie verwenden und warum?

7 Schriftverwaltung unter macOS kennen

a. Begründen Sie, weshalb Schriften unter macOS in unterschiedlichen Verzeichnissen abgelegt werden können.

b. Nennen Sie einen Nachteil dieser Schriftverwaltung.

8 Funktionen von Schriftverwaltungssoftware kennen

Nennen Sie drei wesentliche Vorteile einer Schrift- oder Fontverwaltungssoftware.

1.

2.

3.

6.1 Lösungen

6.1.1 Einführung

1 Druckgeschichte kennen

- Schriftguss
- Satz
- Druck

2 Schriftgeschichte kennen

- Bilderschrift
- Wortbilderschrift
- Silbenschrift
- Alphabet

3 Griechische Schrift beschreiben

- Die griechische Schrift basiert auf den Grundformen Quadrat, Rechteck, Dreieck und Kreis.
- Sie macht keinen Unterschied zwischen Groß- und Kleinbuchstaben.
- Das griechische Alphabet umfasst 24 Zeichen.

4 Römische Schrift beschreiben

- Die Römer übernahmen für ihre Schrift das Alphabet der Griechen.
- Das griechische Alphabet wird weiterentwickelt.
- Die römische Schrift macht keinen Unterschied zwischen Groß- und Kleinbuchstaben.
- Die römischen Buchstabenstriche weisen wegen der Meißeltechnik rhythmische Verdickungen und Verdünnungen auf.

5 Karolingische Minuskel beschreiben

Die mit der karolingischen Minuskel eingeführten Kleinbuchstaben lernt heute noch jedes Kind in der Grundschule: die lateinischen Kleinbuchstaben.

6 Schriften den richtigen Epochen zuordnen

- Klassizismus
- Neue Sachlichkeit
- Romantik
- Barock
- Ägyptenmode
- Neue Sachlichkeit
- Klassizismus

6.1.2 Schrifterkennung

1 Schriftbenennungen verstehen

a. Vorbreite: Fleisch auf dem Kegel vor dem Schriftbild des Buchstabens
b. Versalhöhe: Mittellänge + Oberlänge
c. Punzen: Geschlossene und offene Räume innerhalb des Buchstabenbildes
d. Dickte: Buchstabenbreite mit Vor- und Nachbreite
e. Haarstrich: Feinste Linie eines Buchstabenbildes
f. Zeichenbreite: Breite des druckenden Schriftbildes

2 Schriftbenennungen erklären

a. Versalien: Großbuchstaben
b. Gemeine: Kleinbuchstaben
c. Ligaturen: Doppelbuchstaben z. B. „fi", „fl"
d. Kapitälchen: Versalien in der Höhe der Gemeinen

3 Ziffern und Zeichen anwenden

a. Mediävalziffern sind Ziffern mit Ober- und Unterlängen.
b. Halbgeviertziffern werden überall dort verwendet, wo die Ziffern exakt untereinander stehen sollen.

c. Normalziffern weisen eine Höhenorientierung an der Mittel- und Oberlänge der jeweiligen Schrift auf.

4 Ziffern und Zeichen anwenden

a. DCCXXXVIII = 738
b. MMCDLXVIII = 2468
c. MMXIV = 2014

5 Striche anwenden

Der Viertelgeviertstrich wird als Bindestrich bei Worttrennungen oder Aneinanderreihungen aus mehreren Wortern (No-Future-Generation) verwendet. Der Halbgeviertstrich wird in der Bedeutung „bis" verwendet (11–12 h), als Streckenstrich (Konstanz – Zürich), in der Bedeutung „gegen" (Bayern München – Borussia Dortmund) sowie bei Geldbeträgen (1,– €). Als Gedankenstrich ersetzt er dann – z. B. bei erklärenden Einschüben – das Komma als Satzzeichen.

6 Typografische Begriffe erläutern

Eine Schriftfamilie umfasst alle Schnitte einer Schrift. Üblicherweise sind dies die Schnitte: normal, kursiv, leicht, halbfett, fett, schmal, breit und extrabreit. Je nach Herkunft werden auch englische Begriffe verwendet. Eine Schriftsippe kann Schriften aus verschiedenen Schriftklassen mit gleichen Merkmalen enthalten.

7 Typografische Begriffe kennen

A Versalhöhe
B Oberlänge
C Mittellänge/x-Höhe
D Unterlänge
E Geschlossene Punze
F Serife
G Offene Punze
H Grundlinie/Schriftlinie

8 Schriftklassifikation

Schriftgruppen

- I: Venezianische Renaissance-Antiqua
- II: Französische Renaissance-Antiqua
- III: Barock-Antiqua
- IV: Klassizistische Antiqua
- V: Serifenbetonte Linear-Antiqua
- VI: Serifenlose Linear-Antiqua
- VII: Antiqua-Varianten
- VIII: Schreibschriften
- IX: Handschriftliche Antiqua
- X: Gebrochene Schriften mit den Untergruppen Gotisch, Rundgotisch, Schwabacher, Fraktur sowie Fraktur-Varianten
- XI: Fremde Schriften

9 Schriften einordnen

a. Gruppe VIII, Antiqua-Varianten, Untergruppe Umstochene Schriften, Schrift: Pomeia
b. Gruppe X, Gebrochene Schriften, Untergruppe Gotisch, Schrift: Wilhelm Klingspor Gotisch
c. Gruppe I, Venezianische Renaissance-Antiqua, Schrift: Stempel Schneidler
d. Gruppe IV, Klassizistische Antiqua, Schrift: Walbaum
e. Gruppe VI, Serifenlose Linear-Antiqua, Schrift: Univers 55 Roman
f. Gruppe V, Serifenbetonte Linear-Antiqua, Untergruppe Egyptienne, Schrift: Egyptienne

6.1.3 Lesbarkeit

1 Leseverhalten kennen

Der geübte Leser erfasst ganze Wortgruppen und Zeilenteile und baut aus diesen einen Sinnzusammenhang auf. Dies kann durch die Wahl einer lesegeeigneten Schrift, Schriftgröße und Zeilenlänge unterstützt werden.

2 Monospace-Schrift erklären

Monospace-Schriften sind Schriften mit einer immer gleichen Dickte.

3 Bedeutung von Groß- und Kleinschreibung beschreiben

Bei einer reinen Groß- oder Kleinschreibung hat der Leser weniger Unterscheidungsmöglichkeiten beim Erkennen der Buchstaben.

4 Bedeutung von Schriftmerkmalen kennen

Schriftart „b" ist besser lesbar, da hier die Oberlängen ausgeprägter sind als bei Schriftart „a". Die Oberlängen sind hauptsächlich für die Lesbarkeit verantwortlich.

5 Wahl der richtigen Schriftgröße

- Fußnoten und Marginalien: 6–8 pt
- Fließtext: 9–12 pt
- Überschriften: 12–48 pt
- Plakate: über 48 pt

6 Laufweitenänderungen und deren Anwendung kennen

- Große Schriftgrade (größer als 20 pt): Verringerung der Laufweite führt zu verbesserter Optik.
- Versalschrift: Kerning ist für Groß-/Kleinschreibung optimiert, bei Versalschrift muss manuell zugerichtet werden.
- Schrift ohne Kerningtabelle: Wenn es keine hinterlegten Werte gibt, muss manuell zugerichtet werden.

7 Unterschneidung gezielt einsetzen

AV, Av, AW, Aw, AY, Ay, FA, Fa, FE, Fe, FI, Fi, FO, Fo, FR, Fr, FU, Fu, LA, LT, LV, LY, Ly, PA, Pa, Pi, Po, TA, Ta, TE, Te, TI, Ti, TO, To, TR, Tr, TY, Ty, VA, Va, V., WA, Wa, We, Wo, Ya, Yo

8 Laufweite und Kerning unterscheiden

- Laufweite reguliert mehrere Abstände zwischen Zeichen.
- Kerning befasst sich mit dem Abstand zwischen einzelnen Buchstabenpaaren.

9 Kerning anwenden

a.

b.

c.

10 Wortabstände richtig dimensionieren

Die Wortzwischenräume sollten so groß sein, dass die Wörter einer Zeile noch als einzelne Wörter erkannt werden, aber so klein, dass die Wörter zusammenhängend gelesen werden können, ohne „auseinanderzufallen".

11 Zeilenabstandsregeln wissen

120% der verwendeten Schriftgröße sind als automatischer Zeilenabstand üblicherweise voreingestellt.

12 Satzarten kennen und benennen

- Blocksatz
- Rausatz
- Flattersatz linksbündig
- Flattersatz rechtsbündig
- Freier Zeilenfall
- Mittelachsensatz

13 Satzarten richtig anwenden

- Blocksatz: textlastige Bücher, Zeitschriften, Zeitungen
- Flattersatz: Webseiten, illustrierte Bücher, Zeitschriften, Druckprodukte wie Flyer usw.

14 Zeilenlänge richtig wählen

Zu lange Zeilen erschweren den Zeilensprung. Zu kurze Zeilen erzeugen beim Blocksatz „Löcher", außerdem wird der Lesefluss durch den häufigen Zeilenwechsel beim Lesen erschwert.

6.1.4 Schrifteinsatz

1 Schriftpolaritätsprofile kennen

Es lassen sich bestimmte Eigenschaften, Eigenarten und Anmutungen herausfinden. Nach der Profilerstellung lassen sich darüber Aussagen treffen, welche Empfindungen eine Schrift beim Leser hervorruft und für welche Medien sie daher sinnvollerweise verwendet werden sollte.

2 Schrift thematisch auswählen

- Begründung für Auswahl „a" (Walbaum): Diese Schrift steht für Klassik und Tradition.
- Begründung für Auswahl „e" (Clarendon): Diese Schrift verdeutlicht den „optischen Kompromiss", den eine Oper zwischen den Werken der Klassik und der Moderne anbietet. Beide Stilrichtungen finden sich hier wieder.

3 Schrift thematisch auswählen

- Begründung für Auswahl „c" (Capitals): Diese Schrift steht für italienische, römische Tradition.
- Begründung für Auswahl „d" (Segoe Script): Diese Schrift visualisiert das Handwerkliche, Liebevolle, mit dem das Essen zubereitet wird.

4 Regeln zur Schriftmischung kennen

- Schriften einer Schriftfamilie können miteinander kombiniert werden (eigentlich keine Schriftmischung).
- Schriften mit gleichartigem Duktus aus unterschiedlichen Schriftklassen lassen sich gut mischen.

- Antiquaschriften und Schreibschriften lassen sich gut kombinieren, wenn sie einen ähnlichen Duktus haben.
- Nicht zwei gebrochene Schriften kombinieren.
- Auf deutliche Kontraste achten.
- Schriftmischungen von Schriften aus der gleichen Schriftklasse vermeiden.

5 Schriftmischung anwenden

Duktus und Schriftcharakter passt am besten zur Schrift „c".

6 Schriftmischung anwenden

Schrift „b" eignet sich am besten. Duktus und Schriftcharakter sind stimmig, Schriften sind aus unterschiedlichen Schriftklassen.

7 „Leise" Auszeichnungen kennen

- Kursiver Schriftschnitt
- Versalien
- Kapitälchen
- Gesperrte Schrift
- Schmal laufender Schriftschnitt
- Unterstreichung
- Andere Schriftart mit ähnlichem Duktus

8 „Laute" Auszeichnungen kennen

- Fetter Schriftschnitt
- Andere Farbe
- Schriftart mit deutlich anderem Duktus
- Anderer Schriftgrad

9 Elektronische Schriftveränderungen erkennen

a. Ja, wurde mit Kontur elektronisch verändert, erkennbar ist dies gut an den Stellen, an denen runde und eckige Formen beim „g" und „h" aufeinandertreffen:

„falsch": Light „echt:" Light

b. Nein, Buchstaben sind sauber geformt, durchgängige Strichdicken, stimmige Erscheinung.

c. Ja, wurde horizontal skaliert. Besonders die Rundungen wirken nicht stimmig im Vergleich mit dem Originalschriftzug:

„falsch": Cond „echt:" Cond

d. Nein, Buchstaben sind sauber geformt, durchgängige Strichdicken, stimmige Erscheinung.

e. Ja, Schrift wurde um 12° geneigt, erkennbar ist dies an den etwas unförmigen Rundungen:

„falsch": *Italic* „echt:" *Italic*

10 Begriff „Ornament" definieren

Ein Ornament ist ein meist sich wiederholendes, oft abstraktes oder abstrahiertes Muster.

11 Ornamentfunktionen erläutern

Ornamente dienen als Schmuck- und Gliederungselemente, sie illustrieren einen Text.

12 Glyphen erläutern

Glyphen ist der Gesamtumfang an verfügbaren Zeichen eines Schriftschnittes. Verwendung finden Glyphen als Aufzählungszeichen oder Alternativzeichen, v. a. bei Schreibschriften.

13 Besonderheiten beim Satz von Frakturschriften kennen

- Ähnlichkeit von Zeichen: Einige Zeichen unterscheiden sich nur sehr geringfügig, so z. B. „v" und „o".
- Verwendung von „s": Je nachdem, wo ein „s" vorkommt, wird ein anderes Zeichen verwendet. So gibt es das lange „s" und das Schluss-„s".
- Ligaturen: Manche Buchstabenkombinationen werden wie Einzelbuchstaben behandelt, dürfen also z. B. nicht gesperrt werden, so z. B. „tz".

6.1.5 Schrifttechnologie

1 Unterschiede zwischen Bitmap- und Outline-Fonts beschreiben

Bitmap-Fonts sind gerasterte Schriften, die Speicherung erfolgt auf der Basis von Pixeln in einer bestimmten Größe. Bei Outline-Fonts wird größenunabhängig eine mathematische Beschreibung der Schriftkontur (Outline) gespeichert.

2 Schriftdarstellung bei unterschiedlichen Auflösungen vergleichen

Viele Displays besitzen im Vergleich zum Druck eine deutlich geringere Auflösung. Dies hat zur Folge, dass viele Feinheiten einer Schrift am Display nicht dargestellt werden können und hierdurch der Schriftcharakter verloren gehen kann.

3 Maßnahmen zur Verbesserung der Schriftdarstellung kennen

- Hinting: Vereinheitlichung der Schriftdarstellung, z. B. durch gleiche Strichstärken
- Anti-Aliasing: Kantenglättung durch Hinzufügen von Pixeln, die farblich zwischen Schrift- und Hintergrundfarbe liegen.
- Subpixel-Rendering: Unterschiedliche Ansteuerung der Grundfarben Rot, Grün, Blau des Pixels zur Kantenglättung.

4 Fontformate kennen

- Type-1-Fonts (PostScript-Fonts)
- TrueType-Fonts
- OpenType-Fonts

5 Vorteile von OpenType-Fonts kennen

- Alle fontmetrischen Angaben sind in einer Datei enthalten, so dass keine zweite Datei notwendig ist.
- Verwendung von Unicode, dadurch sind mindestens 65.536 Zeichen pro Zeichensatz möglich.
- Format ist plattformunabhängig einsetzbar.

6 Webfonts kennen

a. Wenn nicht auf die wenigen überall installierten Systemschriften zurückgegriffen werden soll, müssen Schriften verwendet werden, die *nicht* im Betriebssystem installiert werden müssen.

b. Webfont-Formate:
   - TTF
   - OTF
   - WOFF
   - WOFF2
   - EOT
   - SVG
c. WOFF, da nur dieses Format bei fast allen Browsern funktioniert.

7 Schriftverwaltung unter macOS kennen

a. macOS setzt dieses Konzept ein, da es eine flexible Verwendung von Schriften ermöglicht.
b. Die Gefahr mehrerer Verzeichnisse besteht darin, dass nicht die gewünschte Schrifte verwendet wird. Die Nutzer müssen exakt darauf achten, wo sie welche Schriften ablegen.

8 Funktionen von Schriftverwaltungssoftware kennen

- Eine Schriftverwaltungssoftware bietet einen guten Überblick über alle im System verfügbaren Schriften.
- Schriften können per Mausklick aktiviert oder deaktiviert werden. Dies schont den Arbeitsspeicher.
- Für Projekte können Verzeichnisse angelegt werden, denen alle benötigten Schriften zugeordnet werden.
- Die Software erkennt doppelte oder auch defekte Zeichensätze.

6.2 Links und Literatur

Links

Kompatibilitätsübersicht für Webtechnologien in Browsern (z. B. Unterstützung von Dateiformaten)
caniuse.com

Schriftartenerkennung
www.myfonts.com/WhatTheFont

Typografieplattform mit Informationen über die Messe TYPO und Veranstaltungen zum Thema Typografie
typotalks.com

Typografielexikon von Wolfgang Beinert
www.typolexikon.de

Vergleich von Webfont-Anbietern
webfontsanbieter.de

Literatur

Joachim Böhringer et al.
Kompendium der Mediengestaltung
I. Konzeption und Gestaltung
Springer Vieweg 2014
ISBN 978-3-642-54580-1

Joachim Böhringer et al.
Kompendium der Mediengestaltung
II. Medientechnik
Springer Vieweg 2014
ISBN 978-3-642-54584-9

Claudia Korthaus
Grundkurs Typografie und Layout
Rheinwerk Design 2016
ISBN 978-3-8362-2818-3

Hans Peter Willberg, Friedrich Forssmann
Erste Hilfe in Typografie
Verlag Hermann Schmidt Mainz 1999
ISBN 978-3-87439-474-1

Hans Peter Willberg
Wegweiser Schrift
Verlag Hermann Schmidt Mainz 2001
ISBN 978-3-87439-569-4

6.3 Abbildungen

S2, 1: Autoren
S3, 1: de.wikipedia.org/wiki/Johannes_Gutenberg (Zugriff: 06.08.16)
S4, 1: Autoren (Antikensammlung der Universität Tübingen, Höhle von Les Combarelles)
S4 (Tabelle): Autoren (Britisches Museum, London)
S5, 1a, 1b, 2a, 2b: Unterrichtsreihe zur Schriftgeschichte der Firma Linotype, Eschborn 1980
S6, 1a, 1b, 2a, 2b: Unterrichtsreihe zur Schriftgeschichte der Firma Linotype, Eschborn 1980
S7, 1a, 1b, 2a, 2b: Unterrichtsreihe zur Schriftgeschichte der Firma Linotype, Eschborn 1980
S8, 1: www.audi.de (Zugriff: 06.08.16)
S8, 2: fonts.google.com (Zugriff: 06.08.16)
S9, 1: www.typotalks.com/berlin/de (Zugriff: 17.01.17)
S12, 1: Autoren
S13, 1, 2, 3: Autoren
S14, 1: Autoren
S16, 1: Autoren
S20, 1: Autoren
S22, 1: Broschüre „DB-Type – Eine Übersicht über die neuen Schriften der Bahn" von Mobility Networks Logistics, September 2005
S23, 1, 2: Autoren
S39, 1: Autoren
S43, 1: Autoren
S46, 1: Autoren
S47, 1: Autoren
S48, 1: Autoren
S50, 1: Autoren
S58, 1: Autoren
S59, 1: Autoren
S60, 1: Flyer „Music meets Dance"
S60, 2: Langnese-Verpackung „Capri"
S60, 3: Werbeanzeige von Garofalo
S61, 1a: Werbeanzeige von Panasonic
S61, 1b: Flyer für einen Kreativwettbewerb
S61, 2b: Zeitschrift „Lust auf Genuss", 5/2016
S61, 3a: Werbeanzeige von „Who's perfect."
S61, 3b: Flyer, Zoo Heidelberg
S62, 1: Werbeanzeige von Becel
S62, 2a: Werbeanzeige von Ipanema
S62, 2b: Werbeanzeige von Velux
S66, 1: Autoren
S67, 1, 2: Autoren
S68, 1: Autoren
S69, 1: Autoren
S74, 1: Autoren
S75, 1: Autoren
S76, 1a, 1b: Autoren
S80, 1: Autoren

6.4 Index

X

Z

Printed by Wilco bv, the Netherlands

Bibliothek der Mediengestaltung

Konzeption, Gestaltung, Technik und Produktion von Digital- und Printmedien sind die zentralen Themen der Bibliothek der Mediengestaltung, einer Weiterentwicklung des Standardwerks Kompendium der Mediengestaltung, das in seiner 6. Auflage auf mehr als 2.700 Seiten angewachsen ist. Um den Stoff, der die Rahmenpläne und Studienordnungen sowie die Prüfungsanforderungen der Ausbildungs- und Studiengänge berücksichtigt, in handlichem Format vorzulegen, haben die Autoren die Themen der Mediengestaltung in Anlehnung an das Kompendium der Mediengestaltung neu aufgeteilt und thematisch gezielt aufbereitet. Die kompakten Bände der Reihe ermöglichen damit den schnellen Zugriff auf die Teilgebiete der Mediengestaltung.

Weitere Bände in der Reihe: http://www.springer.com/series/15546